Nathan vacances

Ce cahier appartient à :

- Prénom : ....
- Nom : ....
- Âge : ....

Vacances de l'été : ....

Jocelyne **BOULARD**

Professeure des écoles spécialisée

Cécile **CHARRIÈRE**

Sandrine **GUILLORÉ-CHOTARD** (anglais)

Professeures des écoles

Fiction : Christine **BEIGEL**

Cette brochure est conforme à la nouvelle orthographe

www.orthographe-recommandee.info

FSC MIXTE Papier issu de sources responsables FSC® C022030 www.fsc.org

Nathan est un éditeur qui s'engage pour la préservation de son environnement et qui utilise du papier fabriqué à partir de bois provenant de forêts gérées de manière responsable et contrôlée.

Nathan

SOMMAIRE

 - ISBN : 978-2-09-193259-0

FRANÇAIS

Vocabulaire

Grammaire

Conjugaison

Orthographe

MATHÉMATIQUES

Nombres et calculs

Espace et géométrie

Grandeurs et mesures

HISTOIRE

GÉOGRAPHIE

ENSEIGNEMENT MORAL ET CIVIQUE

SCIENCES ET TECHNOLOGIE

ANGLAIS

À détacher : tous les corrigés dans le cahier central !

1 Le grand départ

Lecture

La porte du train se referme sur le visage inquiet de maman. Papa pose une main rassurante sur son épaule. Mais je vois bien qu'il est anxieux, lui aussi. Je leur crie que nous reviendrons bientôt : deux semaines de colonie, ça passe en coup de vent. Ils n'entendent pas. Maman fronce les sourcils. Je lis sur ses lèvres :

— Tu as oublié ta brosse à dents ?

Je secoue la tête, lui fais signe que non. Le train s'ébranle. Ça y est, maman pleure. Elle marche sur le quai en fixant Léa.

— Tu veilles sur ton petit frère, promis ?

— Compte sur moi, ricane ma grande sœur.

— Pas de bêtises ! rappelle papa en secouant son index.

Inutile. Je me doute qu'il n'y croit pas une seconde. Et il n'a pas tort. Dans dix heures, le clan des Pandas enragés sera au complet. Le train quitte la gare. C'est parti pour l'aventure !

1 As-tu bien compris ?

a. **Qui est dans le train et où partent-ils ?**

....

b. **Qui raconte l'histoire ?**

....

c. **Combien de temps dure le voyage des enfants ?**

....

FRANÇAIS

2 Que de phrases !

2 AIDE p. 56

Indique le type de chaque phrase : déclarative – impérative – interrogative.

a. Maman fronce les sourcils. ....

b. Tu as oublié ta brosse à dents ? ....

c. Ne faites pas de bêtises ! ....

d. Nous partons à l'aventure. ....

3 De qui parle-t-on ?

12 AIDE p. 57

Indique à quel personnage du texte renvoie chaque pronom personnel sujet.

Il (..................) est anxieux. Je leur crie que nous (..................) reviendrons bientôt. Elle (..................) marche sur le quai. Tu (..................) veilles sur ton petit frère.

Charade

Mon premier est un oiseau bavard.
Mon deuxième est une note de musique.
Mon troisième se trouve au milieu du visage.
Mon tout est un massif montagneux.

Réponse : Pyrénées (pie-ré-nez).

MATHÉMATIQUES

37

AIDE p. 60

4 Durées

a. Relie les durées équivalentes.

3 h	$\frac{1}{4}$ h	90 min	30 min
•	•	•	•
•	•	•	•
1 h 30	180 min	$\frac{1}{2}$ h	15 min

b. Convertis les durées dans l'unité demandée.

2 min 26 s = ... s   1 h 40 min = ... min

365 min = ... h .... min   150 s = ... min .... s

5 Questions d'horaires

Le train du clan des Pandas est arrivé à destination à l'heure indiquée sur l'horloge.
Le voyage a duré 3 h 15 min.

a. Entoure l'heure de départ du train.

9 h   8 h 50   9 h 04

b. Le train a eu un retard de 20 min. Entoure l'heure à laquelle il aurait dû arriver.

11 h 40   12 h 40   11 h 45

6 À chacun sa montre

Inscris sous chaque montre le nom de son propriétaire.

- La montre de Dylan indique 6 h 15 min.
- La montre de Joey avance de 12 min sur celle de Dylan.
- La montre de Léa retarde de 20 min sur celle de Joey.

....

GÉOGRAPHIE

7 Le lieu où j'habite

Complète les phrases puis indique sur chaque carte ton lieu de vie par un point.

- Ma ville, mon village : ....
- Mon département : ....
- Ma région : ....
- Mon pays : ....
- Mon continent : ....
- Ma planète : ....

Ma ville

Mon pays

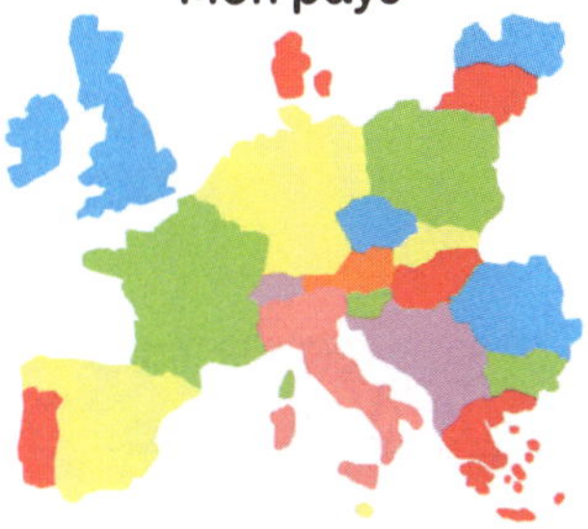

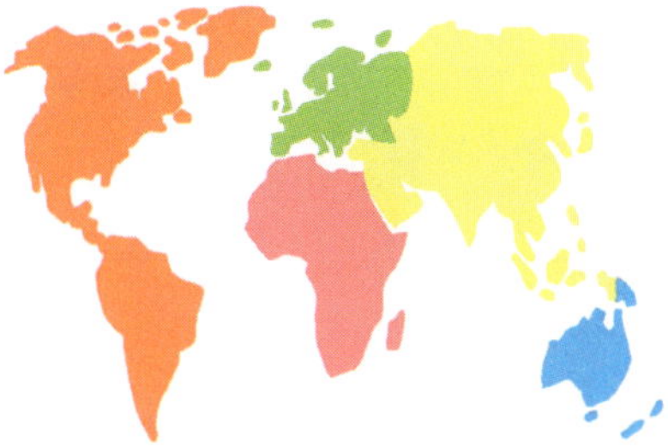

Mon continent

Ma planète

Tu as terminé ? Colle ton sticker ici !

2 L'awalé, un jeu d'Afrique

Lecture

L'awalé est un jeu africain.

• **Nombre de joueurs :** 2

• **Matériel :** 2 rangées de 6 cases (boite à œufs, trous dans le sable...) et 48 petits objets (cailloux, graines...).

• **But du jeu :** récolter un maximum de graines !

• **Déroulement de la partie :** chaque joueur se place face à son camp et pose 4 graines par case. Le premier joueur choisit une case de son camp et prend 4 graines. Il les sème une par une dans chaque case. Il faut ensuite récolter les graines du camp adverse.

1 As-tu bien compris ?

1 AIDE p. 56

a. Comment s'appelle ce type de texte ?

....

b. Souligne deux verbes du texte appartenant au champ lexical de l'agriculture.

c. Quel est l'avantage de ce jeu pour toi, mais aussi pour tous les enfants du monde ?

....

• **La récolte :** on ne récolte que dans le camp adverse et que s'il y a 2 ou 3 graines dans la case où la dernière graine a été placée. Les joueurs mettent les graines récoltées à côté d'eux, en dehors du plateau. Si l'un des joueurs n'a plus de graines dans son camp, l'autre joueur doit jouer et placer au moins une graine dans le camp adverse.

• **Fin de la partie :** c'est la « famine », un joueur n'a plus de graine et l'autre ne peut pas lui en donner, ou il reste trop peu de graines pour continuer. Chaque joueur prend alors les graines restantes de son camp et les ajoute à sa récolte.

• Le gagnant est celui qui a récolté le plus de graines !

FRANÇAIS

2 AIDE p. 56 4 AIDE p. 56

2 Phrases impératives

Entoure les phrases impératives.

a. Récolte le plus de graines possible.

b. Tu dois récolter le plus de graines possible.

c. On joue à tour de rôle.

d. Jouons à tour de rôle !

15 AIDE p. 57

3 Imparfait

Écris les phrases à l'imparfait.

a. Nous (compter) les graines.

....

b. Tu (récolter) dans mon camp.

....

Devinette

Je suis d'eau,
je suis d'air,
et je suis d'électricité.
Qui suis-je ?

Réponse : le courant.

MATHÉMATIQUES

4 Jeu du morpion

Pour gagner, tu dois aligner 3 croix.
Ton adversaire (joueur B) doit aligner 3 cercles.
Tu as déjà marqué deux croix (X_1 et X_2).

a. **Dessine le cercle (O_2) que le joueur B doit marquer pour t'empêcher de gagner.**

b. **Dessine la croix (X_3) que tu dois marquer pour ne pas perdre.**

5 Sudoku

Complète avec les chiffres de 1 à 6.

Chaque chiffre ne doit apparaitre qu'une seule fois dans chaque ligne, chaque colonne et chaque bloc de 6 cases d'une même couleur.

	2		3		
		4	6		2
1	4			3	
	1			5	4
2		3	4		
		5		2	

6 Nombre mystérieux

29
AIDE p. 59

Je suis un nombre décimal. Ma partie entière est composée de cent-quinze unités.
Quand on multiplie mon chiffre des unités par sept, on trouve ma partie décimale.

Qui suis-je ? ....

ANGLAIS

7 Les chiffres

Connais-tu bien les chiffres en anglais ?
Complète cette grille de mots croisés.
Attention à ne pas te tromper dans les calculs !

1 : one	**2 :** two	**3 :** three	**4 :** four
5 : five	**6 :** six	**7 :** seven	**8 :** eight
9 : nine	**10 :** ten	**11 :** eleven	**12 :** twelve
13 : thirteen	**14 :** fourteen	**15 :** fifteen	**16 :** sixteen
17 : seventeen	**18 :** eighteen	**19 :** nineteen	**20 :** twenty

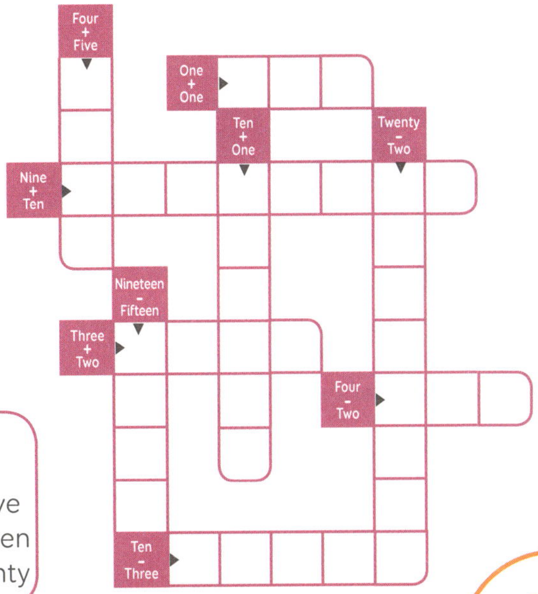

Tu as terminé ? Colle ton sticker ici !

3 Le défi des Pandas

Lecture

Le clan des Pandas enragés tient un conseil de guerre. Sur une feuille, nous écrivons une liste de défis des Pandas pour ces vacances :

• Battre le club des Six au concours de bombes à eau, même si nous ne sommes que quatre.

• Faire semblant de se perdre dans la montagne (nous connaissons les Crêtes par cœur).

• Mettre dans les draps de Noah Pou, notre ennemi, des fourmis géantes.

• Préparer un gâteau au poivre et l'offrir au responsable de la colo le jour de son anniversaire.

— D'autres idées, les monstres ?

Nous nous retournons. Thomas, le responsable en question, se tient debout, rouge de colère. Il a tout entendu.

— Ça ne se passera pas comme ça ! promet-il en s'éloignant.

La guerre est déclarée. « Tomate » contre les Pandas enragés.

1 As-tu bien compris ?

a. Qu'est-ce qu'un « défi des Pandas » ?

....

b. Comment s'appelle l'ennemi des Pandas ?

....

c. Qui est Tomate ?

....

FRANÇAIS

8 AIDE p. 57

2 Informations complémentaires

Ajoute à chaque phrase deux compléments circonstanciels qui peuvent donner une information sur le temps et sur le lieu.

a. Le clan des Pandas tient un conseil de guerre.

....

b. La guerre est déclarée.

....

22 AIDE p. 58

3 *ce* ou *se* ? *mes* ou *mais* ?

a. Complète les phrases avec *ce* ou *se*.

• .... n'est pas vrai, ils ne .... sont pas perdus.

• .... retrouver tous ensemble, c'est agréable !

b. Complète les devinettes avec *mes* ou *mais*.

• Je suis un déterminant possessif : ....

• Je suis un mot de liaison : ....

Charade

Mon premier est un animal chasseur de souris.
Mon deuxième est un oiseau noir et blanc.
Mon troisième est le contraire de *tard*.
Mon tout se trouve dans un cirque.

Réponse : chapiteau (chat-pie-tôt).

MATHÉMATIQUES

41 AIDE p. 61

4 Figures usuelles

Colorie de la même couleur le polygone et l'étiquette qui porte son nom.

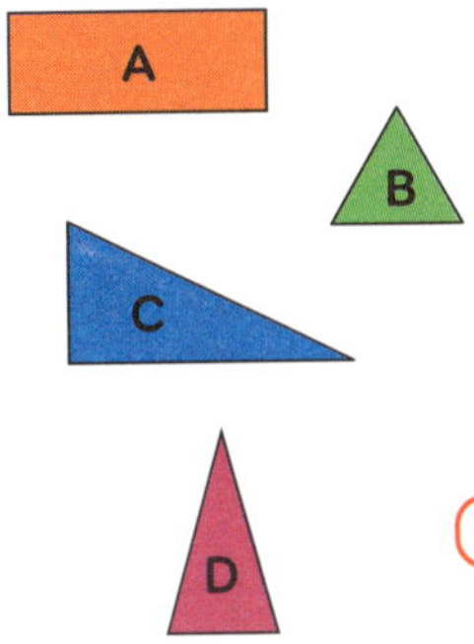

triangle isocèle

rectangle

triangle équilatéral

triangle rectangle

5 Qui suis-je ?

Trouve le nom de chaque quadrilatère.

a. Tous mes côtés ont la même longueur et mes angles sont droits : ……………………

b. Tous mes côtés sont égaux, mais je n'ai pas d'angle droit : ……………………

c. Mes angles sont droits et mes côtés sont égaux deux à deux : ……………………

6 *Vrai* ou *faux* ?

a. Le carré est un losange dont les angles sont droits. ……………

b. Le triangle n'est pas un quadrilatère. ……………

c. Un triangle n'a jamais d'angle droit. ……………

d. Un triangle a six côtés. ……………

HISTOIRE

7 Les traces de l'Antiquité

Relie chaque illustration au nom et à la définition qui lui correspondent.

• les thermes •	• un lieu de prière
• le temple •	• un monument pour transporter l'eau
• les arènes •	• un lieu où on se lavait
• l'aqueduc •	• un lieu de spectacle ou de combat

Tu as terminé ? Colle ton sticker ici !

4 Le macareux et l'hippocampe

L'hippocampe

Lecture

Le macareux moine

- Autre nom : perroquet de mer
- Classe : oiseau
- Ponte : 1 fois par an
- Nombre d'œufs : 1
- Répartition : Atlantique nord et océan Arctique
- Menacé ? Ils sont victimes des marées noires, de la diminution de leur nourriture et du réchauffement des eaux.

En France, il reste moins de 250 couples de macareux.

L'hippocampe

- Autre nom : cheval de mer
- Classe : poisson
- Ponte : c'est le mâle qui attend les bébés !

Le mâle a dans le ventre une poche dans laquelle la femelle dépose ses œufs.

- Nombre d'œufs : plusieurs dizaines à plusieurs centaines (suivant l'espèce d'hippocampe).
- Menacé ? Plus de 20 millions sont pêchés chaque année ! Ils sont vendus vivants comme poissons d'aquarium, utilisés dans la médecine asiatique ou séchés comme souvenirs.

Le macareux

1 As-tu bien compris ?

a. Que signifie *menacé* ?

....

....

b. Pourquoi appelle-t-on le macareux « perroquet de mer » et l'hippocampe « cheval de mer » ? Aide-toi des photos.

....

....

....

....

....

FRANÇAIS

2 Groupe de noms

9 AIDE p. 57

Encadre les groupes nominaux du texte.

La mer regorge d'animaux étonnants. Certains poissons ressemblent à des chevaux ! Sais-tu que les anémones de mer sont des animaux qui ne se déplacent pas ? Il existe aussi des animaux qui nettoient le fond des mers : les brouteurs. Il y a même des mammifères marins qui allaitent leurs petits : les cétacés comme les baleines.

3 Négatif ?

5 AIDE p. 56

Indique si les phrases sont négatives (N) et entoure les deux parties de la négation.

a. Les hippocampes pondent des œufs. ....

b. Les mamans ne gardent pas les œufs. ....

c. Il n'y a plus beaucoup de macareux. ....

d. C'est une espèce qui pourrait disparaitre. ....

Devinette

Quels sont les 4 chiffres consécutifs qui, additionnés, font 10 ?

Réponse : 1 + 2 + 3 + 4 = 10.

MATHÉMATIQUES

33 AIDE p. 60

4 Qui suis-je ?

a. Pose et effectue les opérations.

X = 240 × 38 Y = 936 + 1824

N = 449 × 9 L = 1352 - 254

b. Range les résultats des opérations dans l'ordre croissant. Puis remplace les résultats par les lettres correspondantes.

.... < .... < .... < ....

Je suis un ....

5 Tables de multiplication

Colorie de la même couleur les nombres qui appartiennent à la même table de multiplication.

63 40 64 56 45 81 54 32

- En rose : table de multiplication de ....
- En jaune : table de multiplication de ....

34 AIDE p. 60

6 Calcul mental

Complète les égalités.

35 × .... = 3 500

730 × .... = 7 300

1 480 × 10 = ...

270 × 1 000 = ...

SCIENCES ET TECHNOLOGIE

7 La classification animale

Colorie de la même couleur ce qui va ensemble.

- les mammifères
- les poissons
- les reptiles
- les amphibiens
- les oiseaux

- Ils sont ovipares et ont des écailles collées pour ramper.
- Ils sont ovipares et ont la peau nue.
- Ils sont ovipares et ont des écailles séparées les unes des autres.
- Ils sont ovipares et ont des plumes.
- Ils sont vivipares et allaitent leurs petits.

Tu as terminé ? Colle ton sticker ici !

BILAN

1 Barre l'intrus qui n'appartient pas au champ lexical du mot en tête de colonne.

vacances	soleil	famille	glace
soleil chemin repos mer	sommeil étoile lumière briller	frère vélo fils parents	vanille esquimau four boule

/2

2 Relie le type de texte et sa fonction.

a. Le texte documentaire • • Il raconte une histoire.

b. Le texte narratif • • Il permet d'apprendre.

/2

3 Entoure tous les pronoms personnels sujets du texte.

Ce chemin est mon préféré. Il partage la forêt en deux, je le prends tous les jours. Il me repose. Vous le détestez, dommage !

/2

4 Indique le type de phrase : *D* pour déclarative, *I* pour interrogative et *Imp* pour impérative.

a. Nous allons monter à poney. ....

b. As-tu peur ? ....

c. J'aime tellement les poneys. ....

d. Allez, à cheval ! ....

/2

5 Convertis dans l'unité demandée.

370 s = ... min .... s

75 min = ... h .... min

/2

6 Combien Mme et M. Dulac ont-ils d'enfants, filles et garçons ?

Dans la famille Dulac, les garçons ont chacun 3 frères et les filles ont chacune 2 sœurs.

Mme et M. Dulac ont :

3 garçons et 3 filles ☐ 4 garçons et 3 filles ☐

/2

7 *Vrai* ou *faux* ?

a. Le carré est un quadrilatère dont les 4 côtés sont égaux et les 4 angles sont droits. ....

b. Le triangle a 3 angles droits. ....

/2

8 Relie chaque opération à son résultat.

4 678 – 938 = • • 4 740

4 412 + 328 = • • 3 740

2 175 + 325 = • • 3 500

3 750 – 250 = • • 2 500

/2

9 Colorie les animaux qui sont des invertébrés.

escargot chat ver de terre poule crevette mouche grenouille pigeon

/2

10 Écris les nombres suivants en anglais.

11 : .... 12 : ....

13 : .... 14 : ....

/2

Ton score : .... / 20

Les animaux sont parmi nous

1 Complète la grille de mots croisés.

❶ Insecte qui vole et marche, grande mangeuse de pucerons.
❷ Tous les animaux qui tètent leur maman sont des…
❸ Les poissons en sont recouverts.
❹ Ils couvrent la peau de tous les mammifères.
❺ Je suis élevée par l'homme, qui fabrique beaucoup d'aliments avec mon lait.
❻ Je suis un mammifère élevé par l'homme et on tricote des pulls bien chauds avec ma laine.

2 Trouve les nombres cachés.

Chaque animal correspond à un nombre. La somme de chaque ligne est écrite en fin de ligne et la somme de chaque colonne est écrite en bas de la colonne. **À toi de calculer.**

L'ours =
Le requin =
La chouette =
L'éléphant =
L'abeille =
Le canard =

L'ART ÉPHÉMÈRE, TU CONNAIS ?

Et si tu devenais toi aussi un(e) artiste ? Avec l'art éphémère, il ne te faudra ni matériel élaboré, ni techniques complexes… seulement un brin d'imagination !

Il y a de la vie dans l'art !

Des galets disposés en cercle sur le sable et peu à peu dispersés par la mer, un chemin de feuilles rouges sur de l'herbe verte détruit par le vent, une carotte sculptée qui sera dégustée, un dessin à la craie sur le sol que la pluie effacera doucement… L'art éphémère, c'est ça : de l'art passager, pas fait pour durer, mais pour offrir quelques instants de beauté !
Ce qui en restera, c'est une belle photo !

Crée avec les éléments naturels.

Utilise graines, ficelles…
Essaie de donner des positions ou expressions étonnantes à tes personnages ou tes constructions.

La nature comme vous ne l'avez jamais vue.

Mais qui est cet homme qui creuse la terre, déplace des pierres, transporte des morceaux de bois et du sable ? C'est un *Land Artist* : une personne qui transforme les paysages ! Avec le *Land Art*, le créateur sort de son atelier et remplace les supports traditionnels de l'art (tableau, terre glaise...) par une plage, une montagne, un lac...

L'artiste Michaël Grab installe des pierres en équilibre sans ciment ou autre matière collante. C'est en portant la pierre dans sa main et en la manipulant qu'il trouve comment l'installer pour faire tenir le tout en équilibre !
Il prend sa réalisation en photo avant que les pierres ne retombent.

5 Ratatouille, touille, touille

Lecture

Les bons produits frais du marché bio et nous, ça fait deux.
Nous, ce qu'on veut, c'est de la viande rouge, saignante ! Devant son assiette de légumes, Dylan pique une crise.
— Je veux un hamburger avec des frites ! Et de la mayo, et de la sauce tomate, to-mate...
Une minute plus tard, tout le monde scande «To-mate, to-mate» en tapant sur les tables.
Tomate, enfin... Thomas, surgit en trombe.
— Qu'est-ce qu'il y a encore ? rugit-il.
— À bas la ratatouille, on veut des nouilles ! déclare Dylan.
— Qui a dit ça ? demande Thomas.
Dylan sourit comme un ange.
— C'est pas moi. J'ai tout mangé. C'était délicieux.
— Vous ne perdez rien pour attendre.
À la prochaine bêtise, je vous renvoie chez vous en saucisson sec.
Et il n'a pas l'air de rigoler. On se dépêche de terminer nos assiettes.

1 As-tu bien compris ?

a. Pourquoi les enfants ne sont-ils pas contents ?

....

b. Quel repas les enfants auraient-ils préféré manger ?

....

c. Qui est l'enfant qui dit : «À bas la ratatouille, on veut des nouilles» ?

....

FRANÇAIS

2 Passé, présent, futur

14 AIDE p. 57 18 AIDE p. 58

Conjugue chaque phrase au temps demandé.

a. Je commence à avoir faim, je mange.

- (Imparfait) Ils ....
- (Futur) Vous ....

b. Je ne dialogue plus, je dévore.

- (Présent) Nous ....
- (Futur) Vous ....

3 Singulier ou pluriel ?

10 AIDE p. 57

Surligne les déterminants puis classe-les.

Devant son assiette, Dylan pique une crise.
À bas la ratatouille, on veut des nouilles. Ce repas est diététique. Nos assiettes sont pleines de ces fameux légumes !

singulier	pluriel
....	....
....	....

Devinette
M. et Mme Célère ont un fils. Comment s'appelle-t-il ?
Réponse : Jacques (j'accélère).

MATHÉMATIQUES

36
AIDE p. 60

4 Questions de poids

Convertis.

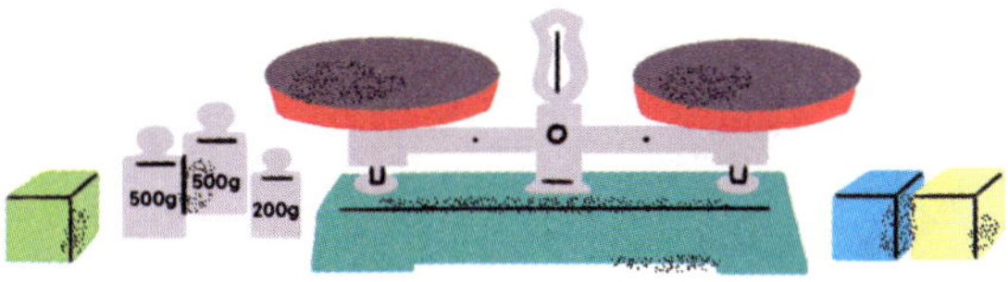

352 g = ... kg
2 hg 30 g = ... g
1 kg 200 g = ... hg
10 hg = ... kg
500 mg = ... cg
65 dag = ... kg

5 Poulet rôti

a. **Calcule la masse du poulet.**

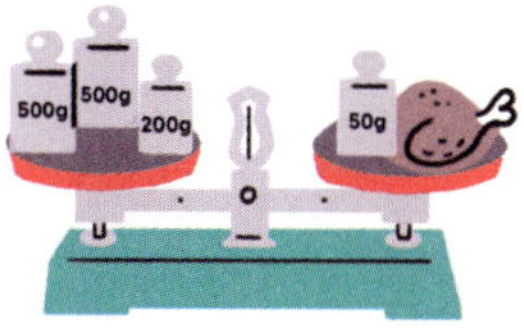

.... g

b. **Convertis cette masse en kg.**

Poulet = ... kg

6 Du plus lourd au plus léger

Observe les balances et colorie les boites de la plus lourde à la plus légère.

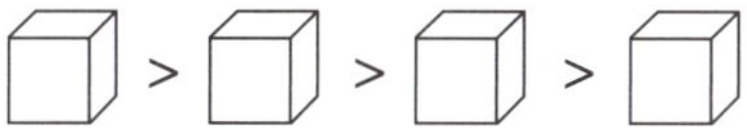

SCIENCES ET TECHNOLOGIE

7 Équilibre alimentaire

Pour être équilibré, ton repas doit contenir un aliment de chaque groupe.
Compose un menu équilibré avec des aliments de ton choix.

Groupe 1

....

Groupe 2

....

Groupe 3

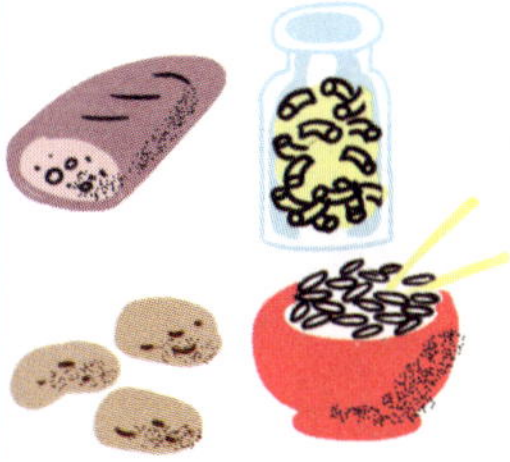

....

Groupe 4

....

Tu as terminé ? Colle ton sticker ici !

6 Ramon, producteur de café

Lecture

Ramon est producteur de café à Jacaltenango, au Guatemala en Amérique centrale.
Il habite une petite maison avec sa femme, sa mère et ses six enfants. Ses enfants l'aident aux champs dès six ans. Ils vont peu à l'école, car cela coute très cher. Il y a quelques années, Ramon avait du mal à vendre son café suffisamment cher pour vivre toute l'année. Aujourd'hui, grâce à l'association Max Havelaar, il arrive à mieux nourrir sa famille. L'an prochain, peut-être qu'un de ses enfants ira plus longtemps à l'école. Max Havelaar est une association de commerce équitable, c'est-à-dire qu'elle achète le café un peu plus cher au producteur, pour que lui et sa famille puissent avoir de meilleures conditions de vie.
Chez nous, le paquet de café sera vendu 0,30 € plus cher qu'une autre marque, mais cette différence sera entièrement reversée aux producteurs.

FAIRTRADE
MAX HAVELAAR

Logo Max Havelaar pour le commerce équitable

1 As-tu bien compris ?

a. **Pourquoi les enfants de Ramon vont-ils peu à l'école ?**

....

b. **Où se trouve le Guatemala ?**

....

c. **Que veut dire « avoir de meilleures conditions de vie » ?**

....

....

FRANÇAIS

2 Accord sujet-verbe

7 AIDE p. 56

Souligne les verbes conjugués et entoure les sujets.

a. Ramon vit avec sa famille.

b. Les enfants ne peuvent pas aller à l'école.

c. Grâce aux conseils des ingénieurs, les producteurs n'utilisent ni engrais ni pesticides.

3 Verbes conjugués

7 AIDE p. 56

Souligne tous les verbes conjugués.

Beaucoup d'enfants travaillent et ne vont pas à l'école. Bien souvent, ils rapportent un peu d'argent et permettent à leur famille d'augmenter son niveau de vie. Mais, heureusement, une majorité de pays interdisent le travail des enfants grâce à la Convention internationale des droits de l'enfant.

Charade
Mon premier a six faces.
On dort dans mon deuxième.
Mon troisième est un pluriel de ciel.
Mon tout signifie très bon.

Réponse : délicieux (dé-lit-cieux).

MATHÉMATIQUES

31

AIDE p. 60

4 Fractions

Colorie le nombre de carreaux correspondant à la fraction.

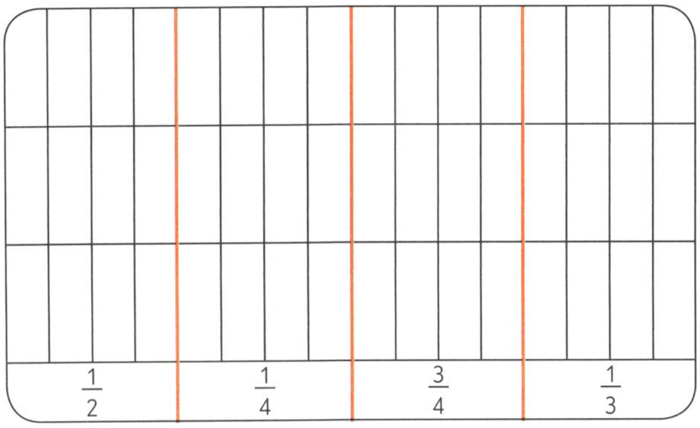

5 Écriture de fractions

Relie chaque fraction à l'étiquette correspondante.

trois centièmes | un quart | trois dixièmes

$\frac{3}{10}$ $\frac{3}{4}$ $\frac{1}{2}$ $\frac{3}{100}$ $\frac{1}{3}$ $\frac{1}{4}$

trois quarts | un tiers | un demi

6 *Vrai ou faux ?*

a. Un paquet de café est vendu 2,48 € dans le système équitable.

Le petit producteur reçoit $\frac{1}{4}$ du prix : ……………………

b. Un paquet de café est vendu 3 € dans le système traditionnel.

Le petit producteur reçoit $\frac{1}{10}$ du prix : ……………………

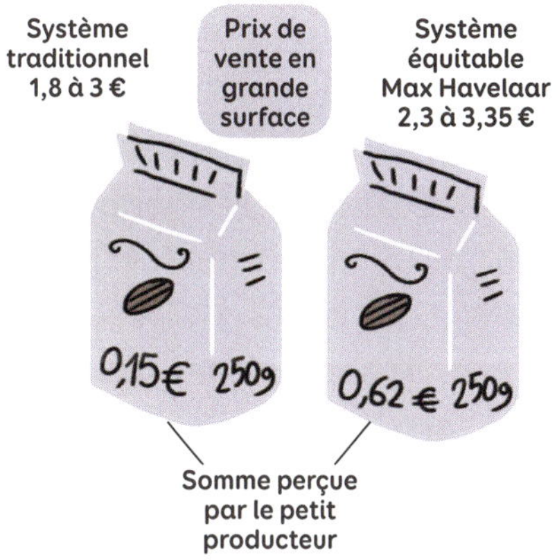

HISTOIRE

7 Les esclaves et le commerce du XVIe au XIXe siècle

a. Complète la carte avec le nom des continents concernés par le commerce triangulaire.

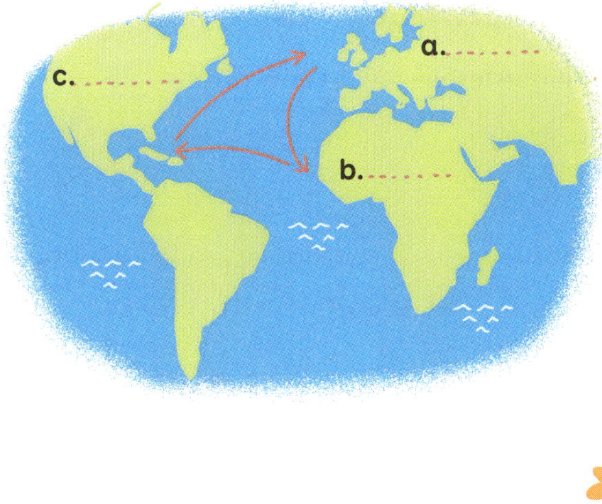

b. Remets les étapes du commerce triangulaire dans l'ordre et inscris les numéros sur la carte.

- Étape n° ………… : les Européens revendent les produits provenant des colonies.
- Étape n° ………… : les Européens revendent les esclaves contre du café, du sucre, du tabac, du coton…
- Étape n° ………… : les Européens achètent des esclaves noirs contre des armes, des tissus…

Tu as terminé ? Colle ton sticker ici !

7 Rira bien qui rira le dernier !

Lecture

Ceux du club des Six ont parié qu'ils arriveraient avant nous aux Crêtes. Léa nous entraine dans la montagne. Elle connait un passage secret.

— Vous voyez le buisson ? C'est par là, dit-elle. Max, tu passes en premier.

Je pâlis. Courage ! J'avance à plat ventre. Je pare les attaques d'araignées et de ronces. Soudain, j'entends quelqu'un tonitruer :

— Quand vous en trouvez un, vous le cueillez. On en fera une omelette pour le diner.

Je m'immobilise, le cœur battant. Quelle espèce d'ogre des Crêtes veut nous manger ? Je sors la tête du buisson et crie :

— Alerte ! Panda 9 ! Panda 9 !

C'est notre code pour fuir. Nous détalons comme des lapins.

Le soir, à table, le chef cuisinier vient nous servir en personne.

— Alors les Pandas, on se prend pour des champignons ?

À la table d'à côté, le club des Six s'esclaffe. Rira bien qui rira le dernier !

1 As-tu bien compris ?

a. Que veut dire *tonitruer* ?

....

b. Pourquoi le cuisinier dit-il que les Pandas se prennent pour des champignons ?

....

....

c. Les Pandas sont-ils arrivés les premiers aux Crêtes ?

....

....

FRANÇAIS

2 é ou *er* ?

23 — AIDE p. 58

Complète avec *é* ou *er*.

Dans le passage secret, il faut ramp..........,

Max est pass.......... en premier.

Mais Max entend cri.......... l'ogre des Crêtes.

A-t-il assez mang.......... ?

Il vaut mieux détal.......... .

3 Imparfait

15 — AIDE p. 57

Conjugue les verbes à l'imparfait.

a. Je (dire) .... ce que je (faire) ....

b. Tu (vouloir) .... manger, tu (pouvoir) .... grignoter et tu (prendre) .... un dessert.

c. Nous (voir) .... le passage secret.

d. Le chef cuisinier (venir) .... nous servir.

Devinette

Quel est l'animal qui a le plus de dents ?

Réponse : la petite souris.

MATHÉMATIQUES

4 Nombre d'habitants

27 AIDE p. 59

Voici les drapeaux de quatre pays de l'Union européenne. Sous chaque drapeau, on te donne le nombre d'habitants en chiffres. **Relie les noms de pays aux drapeaux correspondants.**

46 600 949

9 844 686

16 979 120

82 175 684

	Nombre d'habitants
Allemagne	Quatre-vingt-deux-millions-cent-soixante-quinze-mille-six-cent-quatre-vingt-quatre
Hongrie	Neuf-millions-huit-cent-quarante-quatre-mille-six-cent-quatre-vingt-six
Pays-Bas	Seize-millions-neuf-cent-soixante-dix-neuf-mille-cent-vingt
Espagne	Quarante-six-millions-six-cent-mille-neuf-cent-quarante-neuf

5 Valeur approchée

28 AIDE p. 59

Arrondis les nombres d'habitants au millier le plus proche.

Allemagne = ... Hongrie = ...

Pays-Bas = ... Espagne = ...

6 Ordonner des grands nombres

Écris la liste des quatre pays, du plus peuplé au moins peuplé.

.... > .... >

.... > ....

ANGLAIS

7 Le corps

Complète chaque partie du corps avec les mots anglais.

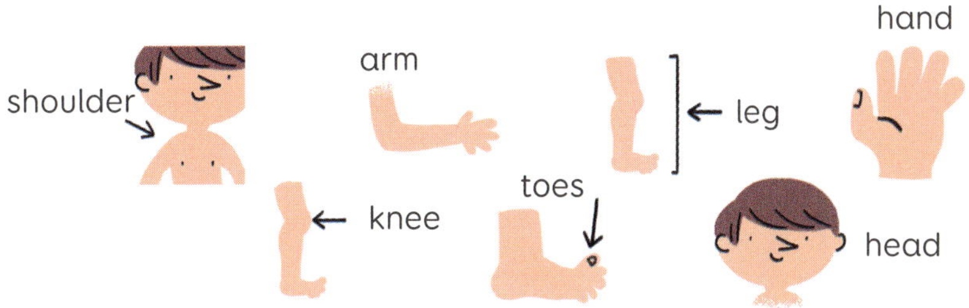

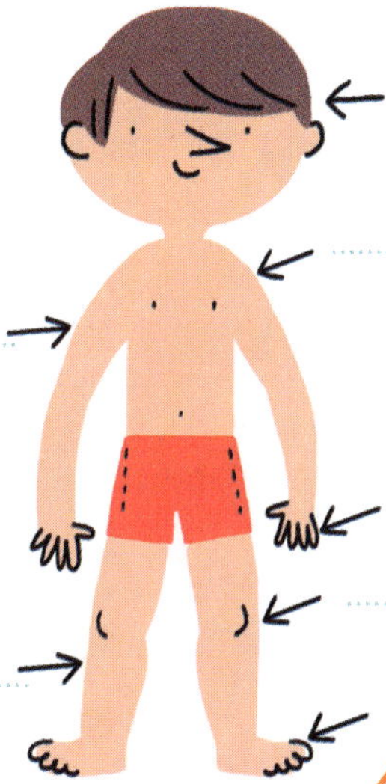

Tu as terminé ? Colle ton sticker ici !

8 Un banquet au Moyen Âge

Lecture

Aux XIVe et XVe siècles, le peuple a faim mais, dans les châteaux, les repas sont de véritables scènes de goinfrerie. Une table bien fournie est un signe de distinction sociale, c'est-à-dire d'appartenance à la haute société. C'est aussi un signe de pouvoir.
Les plats, fort gouteux, sont confectionnés par les maitres-queux (chefs cuisiniers).
Les plats, appelés aussi mets, sont tellement nombreux qu'il est impossible de les gouter tous.
Comme on n'utilise pas encore d'assiette, les aliments sont servis dans des récipients que deux convives se partagent, ou sur un tranchoir, une épaisse tranche de pain rassis posée sur une planche.
Pendant les banquets, des artistes viennent distraire les convives.
Il peut y avoir des troubadours (musiciens), des jongleurs, des cracheurs de feu et même des montreurs d'ours !

Un banquet au Moyen Âge

1 As-tu bien compris ?

a. **Cite des synonymes du mot *banquet*.**

....

b. **Que représentait une table bien fournie au Moyen Âge ?**

....

c. **Comment appelait-on les musiciens qui venaient distraire les convives ?**

....

FRANÇAIS

8 AIDE p. 57

2 Informations complémentaires

Souligne les verbes conjugués et entoure les compléments d'objet.

Dans les peintures, les enluminures et les tapisseries, les chercheurs observent tous les détails. Ainsi, ils comprennent les habitudes du quotidien et expliquent les modes de vie.

7 AIDE p. 56

3 Verbes et sujets

Entoure les sujets et souligne les verbes.

Les personnages sont ravis, ils assistent à un grand banquet. Les mets sont délicieux. Pendant les banquets, des artistes parfois venus de loin amusent les convives. À sa table, le seigneur semble enchanté !

Devinette

M. et Mme Touille ont un fils. Comment s'appelle-t-il ?

Réponse : Sacha (sa chatouille).

MATHÉMATIQUES

4 Lettres symétriques

42

AIDE p. 61

Lequel des deux enfants a un prénom dont toutes les lettres ont au moins un axe de symétrie : MAX ou LEA ? Pour le savoir, trace en rouge les axes de symétrie.

M A X   L E A

5 Art roman

Complète le plan de cette église romane par rapport à l'axe de symétrie rouge.

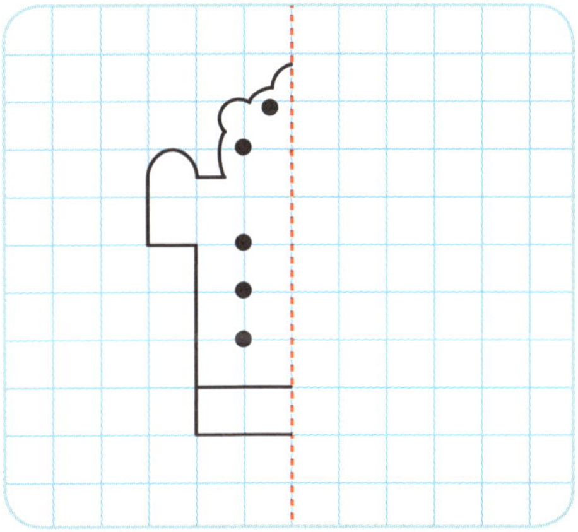

6 Symétrie sur quadrillage

Colorie les cases nécessaires pour que la ligne noire devienne un axe de symétrie.

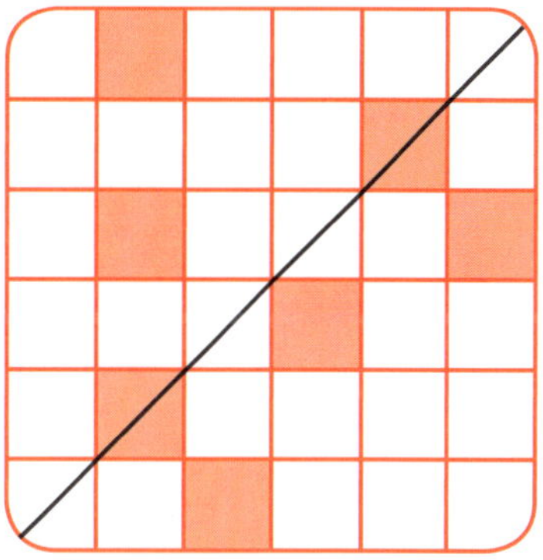

SCIENCES ET TECHNOLOGIE

7 Les sources d'énergie

Relie chaque objet à l'énergie qu'il utilise pour fonctionner.

un avion solaire •	• le vent
une péniche •	• les rayons solaires
un cerf-volant •	• l'essence
une brouette •	• la force humaine

Tu as terminé ? Colle ton sticker ici !

BILAN

1 Barre le mot intrus, qui n'est pas synonyme des autres.

a. immense - grand - lointain - gigantesque

b. beau - magnifique - splendide - étrange - joli

/2

2 Souligne tous les verbes conjugués du texte.

Aujourd'hui, mon voisin a tondu sa pelouse. Il rentre sa tondeuse et la protège avec une housse. Il apportera les herbes pour les bruler.

/2

3 Conjugue le verbe entre parenthèses à l'imparfait.

Je (commencer) …………………… à m'ennuyer. Cela (faire) ………………… deux jours que j' (être) ………………… là. Je (penser) …………………… à l'école.

/2

4 Encadre les adjectifs.

Le vieux cheval, dans le grand champ, est à mon vieil oncle. Il semble fatigué. Mais, ces derniers jours, il vient me voir. Il a l'air heureux de marcher.

/2

5 Indique la fraction correspondant à la partie colorée.

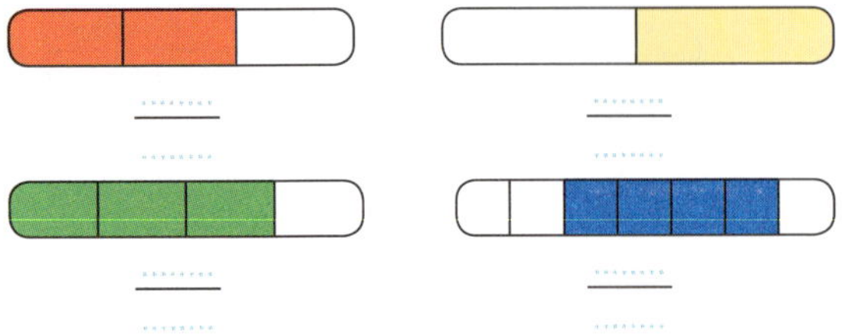

/2

6 Ajoute les unités manquantes.

1840 g = 1,840 ………… 47 ………… = 4,7 kg

6 dag = 60 ………… 5 g = 5000 …………

/2

7 Écris les nombres en chiffres ou en lettres.

a. Huit-millions-cent-quatre-mille-soixante-dix : ……………………………………

b. 54280 : ……………………………………

……………………………………

/2

8 Trace l'axe de symétrie de ces figures.

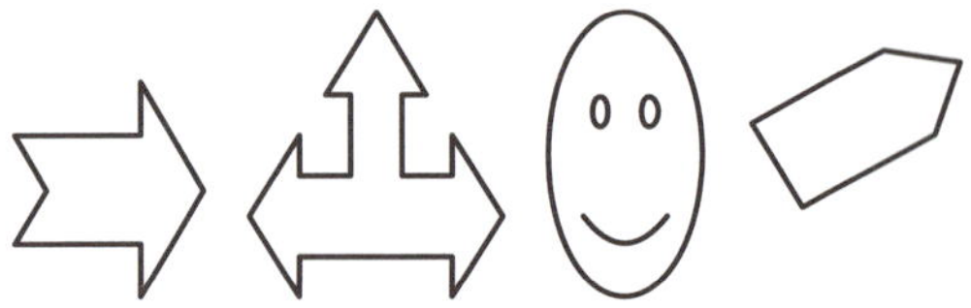

/2

9 Barre les aliments qui ne sont pas nécessaires à ton alimentation.

poulet - banane - riz - bonbons - eau - soda - courgette - chocolat - sardine - sucettes

/2

10 Relie les parties du corps en anglais à leur sens en français.

head •	• bras
arm •	• jambe
leg •	• tête

/2

Ton score : …………………… / 20

JEUX

Que fais-tu de tes déchets ?

1 Trouve la solution de ce rébus.

Solution : ....

2 Dans ces deux bulles, élimine une lettre dans chaque paire de lettres, et découvre ce que se disent ces deux enfants.

Doc de l'été

L'EAU, NOTRE OR BLEU !

Notre planète est recouverte d'eau aux trois quarts. Alors pourquoi dit-on que l'eau douce est une denrée rare ? Pour souligner sa rareté, on l'appelle même : l'OR BLEU...

L'eau est partout et pourtant, elle manque.

97 % de l'eau de la planète, celle des mers et des océans, est salée. La transformer en eau potable demande des usines complexes et coute très cher. Quant à l'eau des glaciers (2 %), difficile d'aller la chercher pour la transformer en eau potable ! Seule l'eau douce des lacs, des cours d'eau et des nappes souterraines est utilisable par l'homme. C'est à peine 1 % de l'eau de la planète.

Nous consommons de plus en plus d'eau.

En France, il y a 140 ans, une personne consommait 10 litres d'eau par jour à la maison... Aujourd'hui, on en utilise 148 ! La douche, la machine à laver, les toilettes utilisent beaucoup d'eau. Hors de la maison aussi, les usines et les agriculteurs en utilisent énormément. Mais sais-tu que dans certains pays d'Afrique, on n'en consomme que 10 litres par jour ?

Nous sommes de plus en plus nombreux.

La population mondiale continue d'augmenter très rapidement. Il y aura plus d'hommes à abreuver et plus d'activités humaines consommant de l'eau... Pourtant, déjà 2 milliards 100 millions de personnes n'ont pas accès à une eau potable.

C'est pas juste !

L'eau douce est très inégalement répartie sur la planète.
9 pays (dont le Brésil, les États-Unis et la Chine) se partagent 60 % des ressources d'eau douce alors que beaucoup d'autres pays souffrent en permanence de la sècheresse.

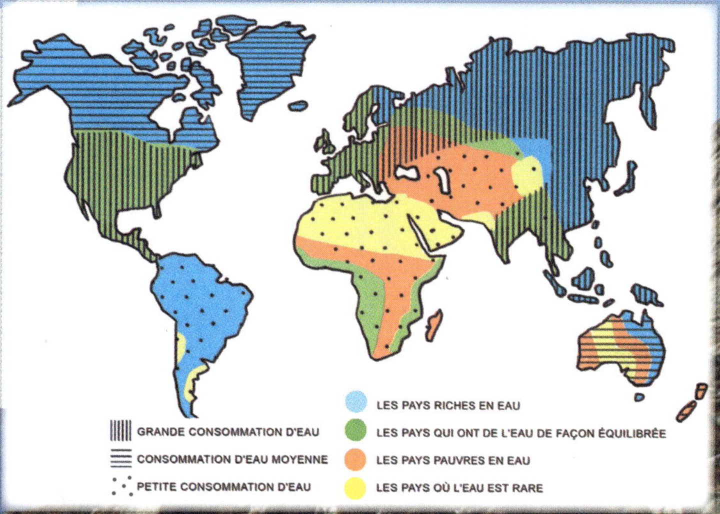

La pollution fait encore des siennes.

La pollution réduit la quantité d'eau potable disponible. Les industries rejettent dans les rivières des produits toxiques, les agriculteurs utilisent des engrais et des pesticides qui polluent les nappes souterraines.
Et chacun de nous pollue l'eau dans sa vie quotidienne ! Toute l'eau polluée ne pourra plus servir, avant d'être dépolluée.

Des litres et des litres...

- Pour fabriquer un pantalon en jean, il faut 10 000 litres d'eau.
- Une vache boit 50 litres d'eau par jour !
- Pour produire un kilo de pommes de terre, il faut 590 litres d'eau.
- 10 000 litres par an : c'est ce que l'on gaspille si on laisse couler l'eau quand on se lave les dents. Alors pense à fermer le robinet !

9 Le loup-garou des Crêtes

Lecture

Nous nous retrouvons autour d'un feu de camp, pour écouter Thomas raconter une histoire de villageois disparus dans les bois il y a très longtemps.
— ... On ne les retrouva jamais. Il y avait un loup-garou dans les Crêtes. Mais qui donc se transformait ? Qui se cachait sous cette peau de bête à grandes dents ?
— La mère-grand ?
— Très drôle ! Merci Dylan. Taisez-vous ! Silence, sinon « il » va venir...
Thomas n'a pas l'air de plaisanter.
Nous, si. Thomas fulmine. Il se lève subitement et disparait. Au bout de quelques minutes, plus personne n'ose rire.
— Où est-il ? s'inquiète Léa.
Pour toute réponse, une voix s'élève.
— Hou ! hou !
— Ah ! « il » est venu ! crie Joey.
C'est la panique, tout le monde court se réfugier dans son lit. Pas de doute !
Le loup-garou, c'est Thomas !

1 As-tu bien compris ?

a. En référence à quel conte Dylan dit-il : « La mère-grand » ?

....

b. Qui est le « il » dont parle Joey ?

....

c. Qu'est-ce qu'un loup-garou ?

....

FRANÇAIS

8 AIDE p. 57

2 Informations complémentaires

Souligne en bleu les compléments d'objet et en rouge les compléments circonstanciels.

a. Ce soir, Thomas raconte une histoire de villageois.

b. Ce villageois a disparu dans les bois.

c. Joey a entendu un loup-garou.

d. Une voix s'élève dans la nuit.

20 AIDE p. 58

3 Accorder les adjectifs

Accorde les adjectifs. Écris le genre (*M* ou *F*) et le nombre (*S* ou *P*) du groupe nominal.

Exemple : vieux → une vieille histoire (F-S)

a. beau → des .... dents (...... - ......)

b. gros → la .... panique (...... - ......)

c. long → de .... minutes (...... - ......)

d. disparu → des villageois .... (...... - ......)

Charade

Mon premier est avant deux.
Mon second est terminé.
Mon tout n'a pas de fin.

(Réponse : infini (un-fini).)

MATHÉMATIQUES

29

AIDE p. 59

4 Écritures décimales

a. Écris les nombres en chiffres.

- Treize unités et trois dixièmes = ...
- Seize dixièmes = ...
- Cinq unités cinq centièmes = ...
- Quinze unités treize centièmes= ....

b. Relie les écritures équivalentes.

$\frac{35}{10}$ • $\frac{35}{100}$ • $\frac{35}{1\,000}$ •

• 0,35 • 0,035 • 3,5

5 Nombres décimaux

Classe les nombres dans l'ordre croissant.

18,088 - 18,008 - 18 - 18,07 - 18,888

.... < .... < .... < .... < ....

6 Gare au loup-garou !

30

AIDE p. 59

Aide le loup-garou à trouver le chemin du bois.

Il ne peut que descendre vers un nombre plus petit ou remonter vers un nombre plus grand.

SCIENCES ET TECHNOLOGIE

7 Les phases de la Lune

À l'aide des indices, indique le numéro correspondant aux différentes phases de la Lune.

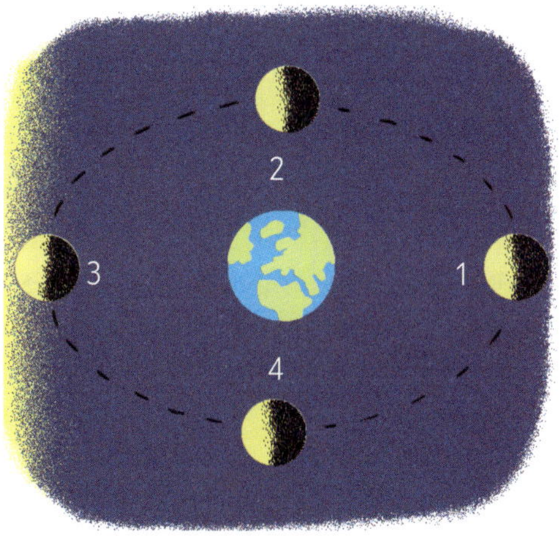

a. La Lune est entre la Terre et le Soleil, tu ne vois pas son hémisphère éclairé : c'est la nouvelle Lune. ☐

b. La Lune, la Terre et le Soleil forment un angle droit, tu ne vois que la moitié de l'hémisphère éclairé : c'est l'époque des quartiers de Lune. ☐ ☐

c. La Terre est entre le Soleil et la Lune, tu vois son hémisphère entièrement éclairé : c'est la pleine Lune. ☐

Tu as terminé ? Colle ton sticker ici !

10 Le Corbeau et le Renard

Lecture

Le Corbeau et le Renard

Maître Corbeau, sur un arbre perché,
Tenait en son bec un fromage.
Maître Renard, par l'odeur alléché,
Lui tint à peu près ce langage :
« Hé ! bonjour, Monsieur du Corbeau.
Que vous êtes joli ! Que vous me semblez beau !
Sans mentir, si votre ramage
Se rapporte à votre plumage,
Vous êtes le Phénix des hôtes de ces bois. »
À ces mots le Corbeau ne se sent pas de joie ;
Et pour montrer sa belle voix,
Il ouvre un large bec, laisse tomber sa proie.
Le Renard s'en saisit, et dit : « Mon bon Monsieur,
Apprenez que tout flatteur
Vit aux dépens de celui qui l'écoute :
Cette leçon vaut bien un fromage, sans doute. »
Le Corbeau, honteux et confus,
Jura, mais un peu tard, qu'on ne l'y prendrait plus.

Jean de La Fontaine

1 As-tu bien compris ?

a. Pourquoi le Corbeau ouvre-t-il un large bec ?

....

b. Pourquoi le Corbeau est-il honteux ?

....

c. Le ramage est soit un chant d'oiseau, soit un ensemble de branchages. D'après toi, ici, qu'est-ce qu'un ramage ?

....

FRANÇAIS

16 17 AIDE p. 58 AIDE p. 58

2 Passé composé

Voici des verbes conjugués à l'imparfait. Transforme-les au passé composé.

a. Le renard **arrivait** par l'odeur alléché.

....

b. Le corbeau **ouvrait** un large bec et **laissait** tomber sa proie.

....

21 AIDE p. 58

3 *s'est* ou *c'est* ?

Choisis entre *s'est* et *c'est*.

a. .... dans la rivière que mon chien .... baigné.

b. .... par un bel après-midi d'été que l'orage .... déchainé.

c. Il .... planté une épine dans le doigt en ramassant des mures.

Charade
Mon premier se trouve au milieu du visage.
Mon deuxième est un métal.
Mon troisième est un célèbre canari
que Grosminet aimerait bien manger.
Mon tout a été une reine d'Égypte.

Réponse : Néfertiti (nez-fer-Titi).

MATHÉMATIQUES

40

AIDE p. 61

4 *Vrai* ou *faux* ?

a. Ces figures ont la même aire : ....

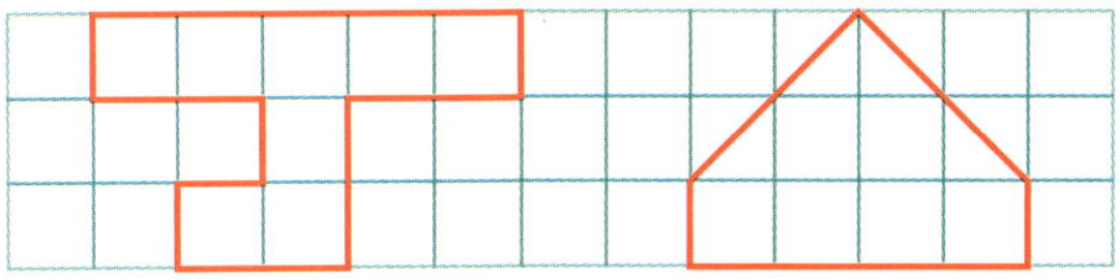

b. Des figures de formes différentes ne peuvent pas avoir la même aire : ....

5 Classement d'aires

Range les figures par ordre croissant de leur aire.

.... < .... < .... < ....

6 Mesures d'aires

A

a. Quelle est la mesure de l'aire de la figure A, si l'unité choisie est :

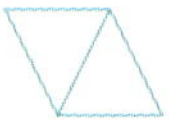 : ....

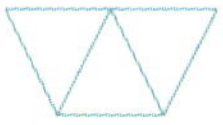 : ....

b. Trace une figure B ayant la même aire que la figure A, mais de forme différente.

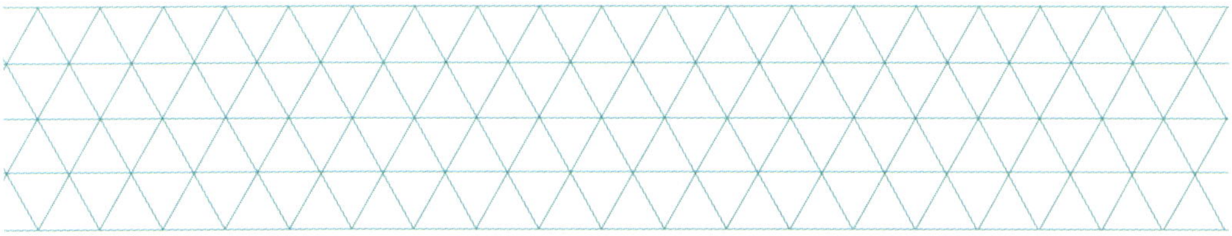

ENSEIGNEMENT MORAL ET CIVIQUE

7 Les valeurs de la République française

Complète chaque phrase avec le bon mot.

a. La devise de la France :

Liberté, ..., Fraternité

b. Les paroles de l'hymne national :

« Allons enfants de la Patrie !

Le jour de .... est arrivé ! »

c. La date de la fête nationale :

14 ....

d. Les couleurs du drapeau français :

Bleu, ... et rouge.

Tu as terminé ? Colle ton sticker ici !

11 Cinq minutes pour tout savoir

Lecture

Léa interviewe le responsable de la colo pour *La Gazette des Pandas enragés*.

— Comment vous appelez-vous ?

— Thomas Verdier.

— Depuis quand êtes-vous animateur aux Crêtes ?

— C'est ma deuxième année.

— Vous aimez ? Si oui, pourquoi ?

— Beaucoup, car nous avons une vue imprenable sur toute la vallée, et la montagne réserve des centaines de possibilités pour organiser des activités.

— Que pensez-vous des enfants ?

— Des enfants comme vous ou les autres ?

— Ah non, M'sieur ! Vous répondez aux questions par des réponses, pas par des questions !

— D'accord. Alors les enfants, ça va, mais les Pandas…

— Ah non ! Je ne vous interroge pas sur les Pandas !

Vexée, Léa s'énerve. Tomate regarde sa montre et dit :

— Cinq minutes top chrono, c'est fini !

1 As-tu bien compris ?

a. Qu'est-ce qu'une *gazette* ?

………………………………………………………………

b. Dans quel type de paysage se trouve le centre des Crêtes ? Relève les mots qui t'ont permis de le savoir.

………………………………………………………………

c. Pourquoi Léa se vexe-t-elle ?

………………………………………………………………

FRANÇAIS

2 AIDE p. 56 — 3 AIDE p. 56

2 Types de phrases

Construis une phrase interrogative à partir de chaque phrase déclarative.

Exemple : Léa rougit. → Est-ce que Léa rougit ?

a. Thomas est animateur. → ………………………………

………………………………………………………………

b. L'interview se déroule bien. → ………………………………

………………………………………………………………

22 AIDE p. 58

3 *ou* ou *où* ?

Choisis entre *ou* et *où*.

a. Vaut-il mieux être animateur ………… responsable ?

b. Le mieux, c'est l'endroit ………… l'on se trouve.

c. La vallée d'………… vous êtes arrivés est splendide.

d. Le plus agréable, ce sont les enfants. ………… plutôt les Pandas !

CORRIGÉS À DÉTACHER

1 Le grand départ

PAGES 4-5

As-tu bien compris ?

1 a. Léa et son petit frère. Ils partent en colonie.

b. Le petit frère de Léa.

c. 10 h.

Français

2 a. Déclarative - b. Interrogative - c. Impérative - d. Déclarative

3 [Il] (**papa**) est anxieux. Je leur crie que [nous] (**Léa et moi, son petit frère**) reviendrons bientôt. [Elle] (**maman**) marche sur le quai. [Tu] (**Léa**) veilles sur ton petit frère.

Mathématiques

4 a. 3 h = 180 min

$\frac{1}{4}$ h = 15 min

90 min = 1 h 30

30 min = $\frac{1}{2}$ h

b. 2 min 26 s = **146** s

1 h 40 min = **100** min

365 min = **6** h **05** min

150 s = **2** min **30** s

5 a. 8 h 50 - b. 11 h 45.

6 A Dylan ; B Léa ; C Joey.

Géographie

7 • Ma ville, mon village, mon département, ma région, mon pays, mon continent : à corriger avec un adulte.

• Ma planète : la Terre (3e planète en partant du Soleil).

2 L'awalé, un jeu d'Afrique

PAGES 6-7

As-tu bien compris ?

1 a. C'est une règle du jeu.

b. Récolter, semer.

c. Ce jeu peut être joué n'importe où, il suffit d'avoir 12 trous et 48 éléments (petits cailloux).

Français

2 a. Récolte le plus de graines possible.

d. Jouons à tour de rôle !

3 a. Nous comptions les graines. - b. Tu récoltais dans mon camp.

Mathématiques

4 a. - b.

X_2		
O_2	X_3	O_1
X_1		

5

6	2	1	3	4	5
5	3	4	6	1	2
1	4	2	5	3	6
3	1	6	2	5	4
2	5	3	4	6	1
4	6	5	1	2	3

6 115,35

Anglais

7

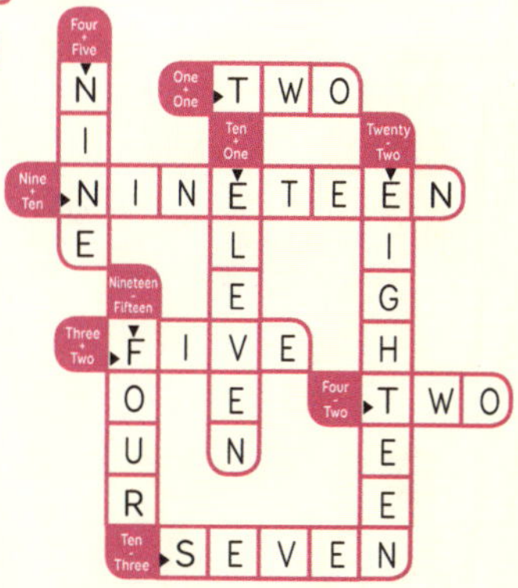

3 Le défi des Pandas

PAGES 8-9

As-tu bien compris ?

1 a. Un défi des Pandas est une mauvaise blague.

b. Noah Pou.

c. C'est Thomas, le responsable de la colonie.

Français

2 Exemples de corrigés.

a. Derrière le gros arbre (lieu), le clan des Pandas tient un conseil de guerre depuis une heure (temps).

b. Aujourd'hui (temps), la guerre est déclarée dans toute la colonie (lieu).

3 a. *Ce* - *se* ; *Se*.

b. *mes* ; *mais*.

Mathématiques

4 **A** → rectangle ; **B** → triangle équilatéral ; **C** → triangle rectangle ; **D** → triangle isocèle.

5 a. carré - b. losange - c. rectangle.

6 a. Vrai - b. Vrai - c. Faux (triangle rectangle) - d. Faux (3 côtés).

Histoire

7  Les thermes → un lieu où on se lavait ;

 Le temple → un lieu de prière ;

 Les arènes → un lieu de spectacle ou de combat ;

 L'aqueduc → un monument pour transporter l'eau.

4 Le macareux et l'hippocampe

PAGES 10-11

As-tu bien compris ?

1 a. *Menacé* veut dire que l'espèce est en voie de disparition.
b. Le **macareux** a un bec très rond de deux couleurs différentes, comme un perroquet. L'**hippocampe** a un long cou, comme une encolure de cheval, et une tête allongée dessinée comme une tête de cheval.

Français

2 [La mer] regorge [d'animaux étonnants]. [Certains poissons] ressemblent à [des chevaux] ! Sais-tu que [les anémones de mer] sont [des animaux] qui ne se déplacent pas ? Il existe aussi [des animaux] qui nettoient [le fond des mers] : [les brouteurs]. Il y a même [des mammifères marins] qui allaitent [leurs petits] : [les cétacés] comme [les baleines].

3 b. N (ne, pas) – c. N (n', plus).

Mathématiques

4 a. X = 9 120 ; Y = 2 760 ; N = 4 041 ; L = 1 098.
b. 1 098 (L) < 2 760 (Y) < 4 041 (N) < 9 120 (X) ; LYNX.

5

63	40	64	56	45	81	54	32

En rose : 9 – en jaune : 8.

6 35 × **100** = 3 500
730 × **10** = 7 300
1 480 × 10 = **14 800**
270 × 1 000 = **270 000**

Sciences et technologie

7 **Dessin 1.** Les amphibiens sont ovipares et ont la peau nue. – **Dessin 2.** Les poissons sont ovipares et ont des écailles séparées les unes des autres. – **Dessin 3.** Les reptiles sont ovipares et ont des écailles collées pour ramper. – **Dessin 4.** Les oiseaux sont ovipares et ont des plumes. – **Dessin 5.** Les mammifères sont vivipares et allaitent leurs petits.

BILAN

PAGE 12

1 chemin ; sommeil ; vélo ; four.

2 **a.** Le texte documentaire → Il permet d'apprendre.
b. Le texte narratif → Il raconte une histoire.

3 [Il] partage la forêt en deux, [je] le prends tous les jours. [Il] me repose. [Vous] le…

4 **a.** D – **b.** I – **c.** D – **d.** Imp

5 370 s = 6 min 10 s ;
75 min = 1 h 15 min.

6 4 garçons et 3 filles.

7 **a.** Vrai – **b.** Faux.

8 4 678 – 938 = 3 740
4 412 + 328 = 4 740
2 175 + 325 = 2 500
3 750 – 250 = 3 500

9 Escargot, ver de terre, crevette, mouche.

10 11 : eleven ; 12 : twelve ; 13 : thirteen ; 14 : fourteen.

JEUX

PAGE 13

1 **1.** coccinelle ; **2.** mammifères ; **3.** écailles ; **4.** poils ; **5.** vache ; **6.** mouton.

2 L'ours = 4 ; Le requin = 2 ; La chouette = 5 ; L'éléphant = 1 ; L'abeille = 6 ; Le canard = 3.

5 Ratatouille, touille, touille

PAGES 16-17

As-tu bien compris ?

1 **a.** Ils ne veulent pas manger de légumes bio. – **b.** Ils auraient aimé de la viande. – **c.** C'est Dylan.

Français

2 **a.** Ils **commençaient** à avoir faim, ils **mangeaient**.
Vous **commencerez** à avoir faim, vous **mangerez**.
b. Nous ne **dialoguons** plus, nous **dévorons**.
Vous ne **dialoguerez** plus, vous **dévorerez**.

3 Devant **son** assiette, Dylan pique **une** crise. À bas **la** ratatouille, on veut **des** nouilles. **Ce** repas est diététique. **Nos** assiettes sont pleines de **ces** fameux légumes !

singulier	pluriel
son une la ce	des nos ces

Mathématiques

4 352 g = **0,352** kg
10 hg = **1** kg
2 hg 30 g = **230** g
500 mg = **50** cg
1 kg 200 g = **12** hg
65 dag = **0,65** kg

5 **a.** (500 g + 500 g + 200 g) - 50 g = 1200 g - 50 g = 1150 g.
b. 1 kg 150 g (ou 1,150 kg).

6

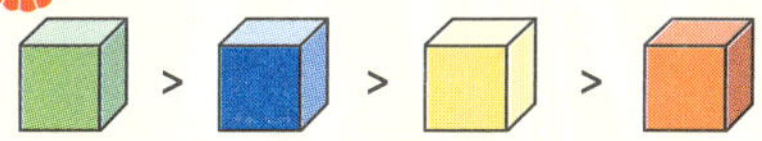

Sciences et technologie

7 Le menu de l'enfant doit comporter un aliment de chaque groupe.

6 Ramon, producteur de café

PAGES 18-19

As-tu bien compris ?

1 **a.** L'école coute cher aux parents.
b. Le Guatemala est un pays d'Amérique centrale.
c. « Avoir de meilleures conditions de vie » signifie mieux se nourrir et améliorer son confort.

Français

2 **a.** Ramon vit avec sa famille.
b. Les enfants ne peuvent pas aller à l'école.
c. Grâce aux conseils des ingénieurs, les producteurs n'utilisent ni engrais ni pesticides.

3 Beaucoup d'enfants travaillent et ne vont pas à l'école. Bien souvent, ils rapportent un peu d'argent et permettent à leur famille d'augmenter son niveau de vie. Mais, heureusement, une majorité de pays interdisent le travail des enfants grâce à la Convention internationale des droits de l'enfant.

Mathématiques

4

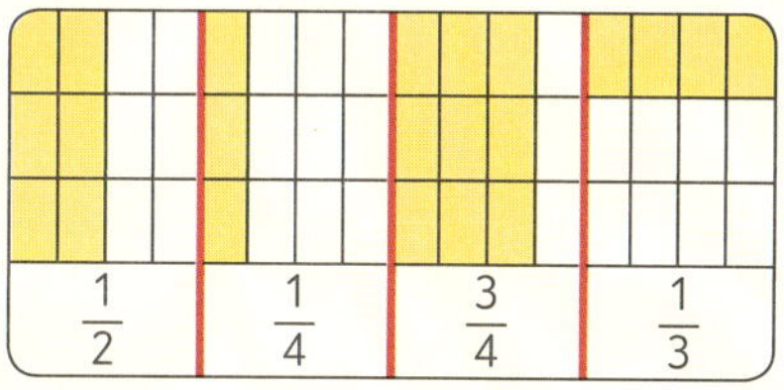

5 $\frac{3}{10}$ = trois dixièmes ;
$\frac{3}{4}$ = trois quarts ;
$\frac{1}{2}$ = un demi ;
$\frac{3}{100}$ = trois centièmes ;
$\frac{1}{3}$ = un tiers ;
$\frac{1}{4}$ = un quart.

6 **a.** Vrai - **b.** Faux.

Histoire

7 **a.** a : Europe - b : Afrique - c : Amérique.
b. Étape n° **1** : les Européens achètent des esclaves noirs… **numéro 1 sur l'Afrique**.
Étape n° **2** : les Européens revendent les esclaves contre du café, du sucre, du tabac, du coton… **numéro 2 sur l'Amérique**.
Étape n° **3** : les Européens revendent les produits… **numéro 3 sur l'Europe**.

7 Rira bien qui rira le dernier !

PAGES 20-21

As-tu bien compris ?

1 **a.** *Tonitruer* veut dire crier, hurler.
b. Les Pandas ont détalé en pensant que quelqu'un les cherchait pour les manger en omelette. Mais ce n'était que le cuisinier qui cherchait des champignons.
c. Ils n'ont pas pu arriver les premiers puisqu'ils ont détalé (= ils sont partis en courant).

Français

2 Dans le passage secret, il faut ramp**er**, Max est pass**é** en premier. Mais Max entend cri**er** l'ogre des Crêtes.
A-t-il assez mang**é** ?
Il vaut mieux détal**er**.

3 **a.** disais ; faisais.
b. voulais ; pouvais ; prenais.
c. voyions.
d. venait.

Mathématiques

4  → Hongrie
 → Espagne
 → Pays-Bas
 → Allemagne

5 Allemagne = 82 176 000
Pays-Bas = 16 979 000
Hongrie = 9 845 000
Espagne = 46 601 000

6 Allemagne > Espagne > Pays-Bas > Hongrie.

Anglais

7

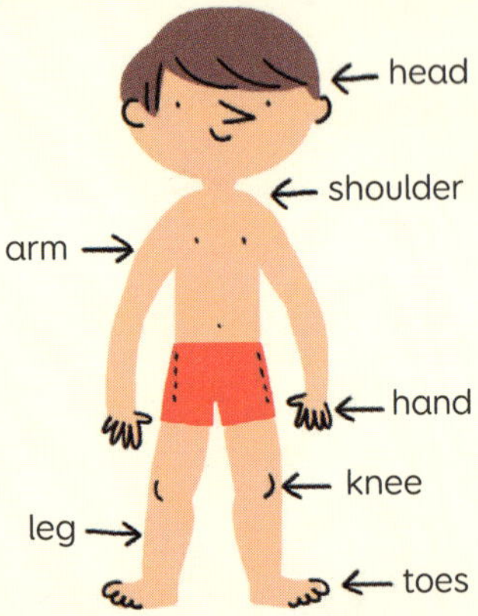

8 Un banquet au Moyen Âge

PAGES 22-23

As-tu bien compris ?

1 **a.** Repas, buffet, festin...
b. C'était un signe de distinction sociale.
c. Les troubadours.

Français

2 Dans les peintures, les enluminures et les tapisseries, les chercheurs observent tous les détails. Ainsi, ils comprennent les habitudes du quotidien et expliquent les modes de vie.

3 Les personnages sont ravis, ils assistent à un grand banquet. Les mets sont délicieux. Pendant les banquets, des artistes parfois venus de loin amusent les convives. À sa table, le seigneur semble enchanté !

Mathématiques

4 MAX LEA

C'est dans le prénom de Max que toutes les lettres ont au moins un axe de symétrie.

5

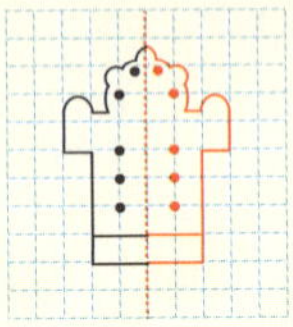

6

Sciences et technologie

7 un avion solaire → les rayons solaires
une péniche → l'essence
un cerf-volant → le vent
une brouette → la force humaine

BILAN

PAGE 24

1 **a.** lointain **b.** étrange

2 Aujourd'hui, mon voisin a tondu sa pelouse. Il rentre sa tondeuse et la protège avec une housse. Il apportera les herbes pour les bruler.

3 Je **commençais** à m'ennuyer. Cela **faisait** deux jours que j'**étais** là. Je **pensais** à l'école.

4 Le vieux cheval, dans le grand champ, est à mon vieil oncle. Il semble fatigué. Mais, ces derniers jours, il vient me voir. Il a l'air heureux de marcher.

5 $\frac{2}{3}$; $\frac{1}{2}$; $\frac{3}{4}$; $\frac{4}{7}$.

6 1840 g = 1,840 kg
47 hg = 4,7 kg
6 dag = 60 g - 5 g = 5000 mg

7 **a.** 8104070.
b. cinquante-quatre-mille-deux-cent-quatre-vingts.

8

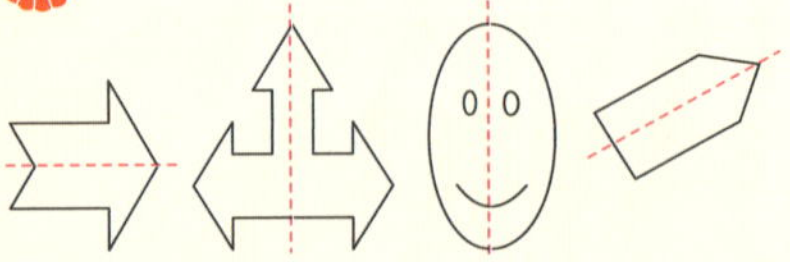

9 bonbons - soda - chocolat - sucettes.

10 *head* → tête ; *arm* → bras ; *leg* → jambe.

JEUX

PAGE 25

1 Ne jette pas tes déchets n'importe où ! (nœud-jet-te-pas-taie-déchets-nain-porte-houx)

2 Tu bois trop de boissons sucrées ! Oui, mais je recycle mes canettes !

9 Le loup-garou des Crêtes

PAGES 28-29

As-tu bien compris ?

1 **a.** Il fait référence au *Petit Chaperon rouge*.
b. C'est le loup-garou.
c. C'est un homme qui se transforme en loup méchant les nuits de pleine Lune.

Français

2 **a.** Ce soir, Thomas raconte une histoire de villageois.
b. Ce villageois a disparu dans les bois.
c. Joey a entendu un loup-garou.
d. Une voix s'élève dans la nuit.

Solutions des jeux

p. 3

VÉGÉTAUX	INSECTES	OISEAUX
CHÊNE COQUELICOT	PAPILLON COCCINELLE	PIGEON HIBOU

p. 5

K	R	O	H	D	I	B	O	U	Q	U	E	T	I	N	R
I	M	D	E	V	H	E	E	E	S	C	E	O	I	L	E
V	O	V	R	D	P	E	E	C	H	A	M	O	I	S	N
G	U	R	M	C	I	E	E	E	S	N	O	E	I	A	A
E	F	M	I	R	M	A	R	M	O	T	T	E	I	I	R
X	L	P	N	C	H	O	V	C	S	T	U	L	E	G	D
T	O	R	E	M	A	E	T	U	B	L	Y	N	X	L	N
E	N	L	I	E	V	R	E	C	V	E	W	E	M	E	N

p. 7

p. 9

ORANG-OUTAN

p. 11

p. 13

P	É	T	R	O	L	E

p. 15

A	C	H	E	T	E	R	D'	O	C	C	A	S	I	O	N

Mon carnet de jeux nature

pour protéger la planète

Détache les pages et plie suivant les pointillés.

Nathan

Au jardin

Je respecte les insectes

Certains insectes sont plus repoussants que d'autres. Et puis il y a ceux qui piquent et qu'on n'aime pas trop voir approcher. Pour autant, chacun d'eux a un rôle à jouer dans la nature : protéger des ravageurs, permettre la reproduction des végétaux, rendre la terre plus riche et plus fertile, nettoyer le sol...

Je préserve les sols

Cueillir des fleurs, ramasser les feuilles mortes, arracher les mauvaises herbes, tondre la pelouse à ras, bruler les branches mortes... Et si on laissait faire la nature ? Elle a tout prévu !

JE JOUE Message fléché

Comment adopter une consommation responsable ? Pour le savoir, reproduis le trajet fléché sur la grille de lettres. Puis recopie la réponse.

Début

→	→	→	↴
↱	→	↴	↓
↑	X	↵	↓
↰	←	←	↵

A	C	H	E
A	S	I	T
C	N	O	E
C	O	D'	R

J'AGIS Mon film alimentaire zéro déchet

Transforme un vieux tee-shirt en emballage alimentaire réutilisable : cela fera un déchet en moins dans la poubelle et cela évitera d'utiliser du film alimentaire en plastique.

Il te faut :
- 1 tee-shirt usagé mais propre et en coton
- des paillettes de cire d'abeille (en magasin bio)
- 2 feuilles de papier cuisson
- 1 fer à repasser
- des ciseaux crantés

1. Découpe un rectangle dans le tee-shirt.
2. Place ton rectangle sur la première feuille de papier cuisson.
3. Parsème-le de paillettes de cire d'abeille. Mets-en très peu, sinon ton emballage sera trop rigide.
4. Pose la seconde feuille de papier cuisson sur le rectangle de tissu.
5. Demande à un adulte de passer le fer à repasser très chaud sur le papier de cuisson, des deux côtés du rectangle de tissu. Laisse refroidir avant d'ôter les papiers de cuisson.

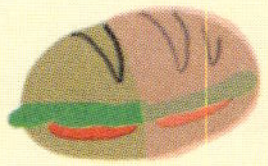

Ton emballage est prêt ! Tu peux l'utiliser pour transporter ton sandwich.

Dans les magasins

J'achète moins et mieux

Tous nos achats ont un impact sur la planète. Car pour produire des objets, il faut extraire des matières premières de la Terre (pétrole, bois, sable, métal), puis les transformer avec de l'eau et des produits chimiques qui finissent dans les égouts puis dans l'océan. Ensuite, ils sont transportés par bateau, par camion ou par avion, ce qui génère beaucoup de pollutions.

Je donne une nouvelle vie aux objets

Après avoir été utilisés ou portés, nos achats sont jetés. Soit ils finissent enfouis dans la terre où leur décomposition pollue le sol, soit ils sont brulés, et leur fumée pollue l'air.

JE JOUE À quel groupe appartiennent-elles ?

Inscris le nom de ces espèces dans la colonne correspondante.

PAPILLON — CHÊNE — PIGEON — COCCINELLE — HIBOU — COQUELICOT

VÉGÉTAUX	INSECTES	OISEAUX
....	....	....
....	....	....

J'AGIS Je fais pousser des pépins de melon

Tu peux faire pousser des végétaux dans ton jardin ou sur ton balcon en utilisant des noyaux ou des pépins de fruits.

Il te faut :
- des pépins de melon
- 1 passoire
- 1 ou 2 pots de yaourt
- un peu de terreau

1. Récupère une quinzaine de pépins et rince-les bien dans une passoire.
2. Dispose-les dans un bol rempli d'eau tiède. Conserve uniquement les pépins qui tombent au fond et élimine ceux qui flottent (ils ne sont pas viables).

3. Laisse-les sécher à température ambiante et à l'abri de la lumière pendant deux semaines.
4. Remplis tes pots de terreau et plante 2 ou 3 pépins par pot, pointe vers le bas. Recouvre de terreau et arrose de manière à ce que la terre soit toujours humide.

Attends une semaine pour voir apparaitre une plantule. Tu pourras alors la planter en pleine terre ou dans un pot plus gros.

À la montagne

Je ne pollue pas l'eau

La montagne est un réservoir naturel d'eau douce. Tous les grands fleuves prennent leur source en montagne. C'est pourquoi il est très important de préserver ce milieu.

Je respecte la nature

C'est en montagne que la nature est la plus sauvage. C'est un espace riche en espèces animales et végétales. Une partie de ces espèces ne vit ou ne pousse que dans cet écosystème. C'est le cas de la marmotte et de l'edelweiss.

JE JOUE Mot codé

Remplace chaque lettre par la lettre qui suit dans l'alphabet et découvre le nom d'une ressource qui s'épuise.

O	D	S	Q	N	K	D

J'AGIS Mon papier mâché

La fabrication de papier nécessite énormément d'eau. Si tu veux agir en faveur de la planète, pense à réutiliser de vieux journaux, d'anciens cahiers d'école ou même des publicités que tu reçois, en fabriquant du papier mâché.

Il te faut :
- du papier déjà utilisé
- de la colle faite maison : 40 g de farine, 10 cL d'eau froide, 40 g d'eau chaude

1. Prépare ta colle : mélange la farine et l'eau froide, puis rajoute l'eau chaude et mélange bien. Ensuite, demande à un adulte de faire chauffer le mélange dans une casserole pendant 3 minutes.

2. Déchire le papier en petits morceaux ou bandelettes.

3. Trempe tes bouts de papier dans la colle.

4. Il ne te reste plus qu'à les disposer sur le support de ton choix (une boite en carton, un vase en verre...).

Dans la maison

J'économise les énergies

Chaque jour, nous utilisons l'énergie sans nous en rendre compte : en allumant la lumière, en cuisinant, en rechargeant son téléphone... Cette énergie est créée à partir des ressources de la planète qui sont extraites des profondeurs de la terre. Or, ces ressources ne sont pas infinies et, à force, elles s'épuisent.

J'économise l'eau potable

Chacun des objets que nous utilisons demande de grandes quantités d'eau pour être fabriqué. Par exemple, il faut 11 000 litres d'eau pour fabriquer un jean, soit plus de 14 000 bouteilles d'eau ! Et c'est pareil pour la nourriture et pour tout ce qui est en plastique.

JE JOUE Mots mêlés

Dans cette grille se trouvent 9 espèces d'animaux de montagne. Sauras-tu les trouver ?

K	R	O	H	D	I	B	O	U	Q	U	E	T	I	N	R
I	M	D	E	V	H	E	E	E	S	C	E	O	I	L	E
V	O	V	R	D	P	E	E	C	H	A	M	O	I	S	N
G	U	R	M	C	I	E	E	E	S	N	O	E	I	A	A
E	F	M	I	R	M	A	R	M	O	T	T	E	I	I	R
X	L	P	N	C	H	O	V	C	S	T	U	L	E	G	D
T	O	R	E	M	A	E	T	U	B	L	Y	N	X	L	N
E	N	L	I	E	V	R	E	C	V	E	W	E	M	E	N

J'AGIS Mes sablés faits maison

Pour éviter les emballages plastiques que l'on oublie ou qui s'envolent dans la nature, fabrique ton gouter avant de partir te promener et transporte-le dans une boite de conservation. C'est rapide à faire et c'est bien meilleur pour ta santé !

Pour 15 sablés, il te faut :

- 200 g de farine
- 80 g de sucre de canne complet
- 80 g de purée d'amandes
- 1 œuf
- 1 citron

1. Demande à un adulte de faire préchauffer le four à 180 °C (th. 6).
2. Dans un saladier, verse la farine et la purée d'amandes et mélange du bout des doigts.
3. Ajoute le zeste et le jus du citron. Puis le sucre et l'œuf.
4. Pétris la pâte jusqu'à ce qu'elle soit homogène. Prélève des petits morceaux. Forme des boules et aplatis-les avec la main.
5. Dispose tes sablés sur la plaque du four et demande à un adulte de les faire cuire pendant 12 minutes.
6. Laisse-les refroidir avant de les déguster.

En ville

Je limite la pollution

L'air que nous respirons n'est pas toujours de bonne qualité, en particulier dans les grandes villes. En cause, notamment : le trafic routier, le chauffage, l'incinération des ordures et l'utilisation de certains produits ménagers.

Je contrôle le contenu de mon assiette

Le réchauffement climatique est en partie dû à nos (mauvaises) habitudes alimentaires. Par exemple, manger des tomates en hiver n'est pas recommandé. Et les fruits exotiques ne poussant pas en France, il faut les faire venir par avion ou par bateau.

JE JOUE Le jeu des 5 familles

En t'aidant du tableau, retrouve à quelle famille appartient chacun des animaux marins. Colorie la pastille de la bonne couleur et complète le nom des animaux.

Les familles	Mollusque	Crustacé	Poisson	Oiseau	Mammifère
Caractéristiques physiques	Coquille + corps mou	Carapace + pattes	Nageoires + branchies	Ailes	Mamelles + poumons

J'AGIS Mon jeu de quilles

Au lieu de jeter les bouteilles, transforme-les en jeu de quilles. Ainsi, pas besoin d'un nouveau jouet en plastique (emballé dans du... plastique) !

Il te faut :
- 7 bouteilles en plastique
- du sable ou de l'eau
- 1 petit ballon ou 1 vieille chaussette remplie de sable

1. Remplis la moitié des bouteilles avec un peu d'eau de mer ou de sable.
2. Dispose les quilles en ligne ou en quinconce.

3. Trace une ligne derrière laquelle les joueurs se mettront pour viser.
4. L'objectif : faire tomber le plus de quilles possible avec la boule. Chacun a droit à 2 tirs. Le gagnant est celui qui a le plus de points.

Comptage des points :
- 1 point gagné par quille tombée.
- 20 points si toutes les quilles tombent en un coup.
- 10 points pour qui les fait tomber en 2 coups.

Au bord de la mer

Je protège la biodiversité

Des algues aux baleines en passant par les poissons, les crustacés, les méduses et les coquillages, les océans abritent une incroyable variété d'espèces vivantes. Toutes ces espèces sont reliées entre elles car chacune a besoin des autres pour se nourrir et pour survivre.

Je réduis mes déchets

Nos déchets finissent toujours en mer. Ils sont emportés par le vent ou transportés par les cours d'eau. Et comme tous les océans sont reliés par des courants, c'est l'ensemble des fonds marins qui est aujourd'hui pollué, notamment par le plastique qui finit dans le ventre des poissons, des tortues et des oiseaux marins. Et si on changeait nos habitudes ?

JE JOUE — Labyrinthe de saison

Traverse ce labyrinthe en passant par ces fruits et légumes d'automne et d'hiver : 🍊 🥬 🍏 🥕. En respectant cet ordre, tu peux te déplacer horizontalement ou verticalement.

J'AGIS — Mon stop pub

Colle un stop pub sur ta boite aux lettres pour réduire le gaspillage du papier, qui finit souvent à la poubelle.

Il te faut :
- du papier un peu épais
- des ciseaux
- des feutres
- une pochette en plastique
- de l'adhésif
- une règle

1. Découpe un rectangle de 10 x 14 cm dans la feuille de papier.
2. Reproduis le logo ci-dessous.

3. Découpe un rectangle de même dimension dans la pochette en plastique.
4. Glisse ton stop pub de papier dedans et scelle les bords avec de l'adhésif.

Place ton stop pub sur ta boite aux lettres de manière à ce qu'il soit visible.

En forêt

J'agis contre la déforestation

La forêt nous rend de nombreux services : les arbres participent à dépolluer l'air, le bois permet de nous chauffer, de nous meubler et de nous fournir du papier. Pourtant, les hommes détruisent les forêts pour chercher du pétrole, construire des routes ou pour augmenter les champs de culture.

Je respecte les espèces

La déforestation a de graves conséquences sur les espèces animales de la forêt. En détruisant leur habitat, on les oblige à fuir. Les animaux ne savent plus où se loger ni comment se nourrir et ils se reproduisent moins. Certains sont menacés de disparaître. Alors, quand je me promène en forêt, je respecte quelques règles simples.

JE JOUE Points à relier

Relie les points de 1 à 37, puis de A à D, puis de a à l et découvre un animal menacé par la déforestation.

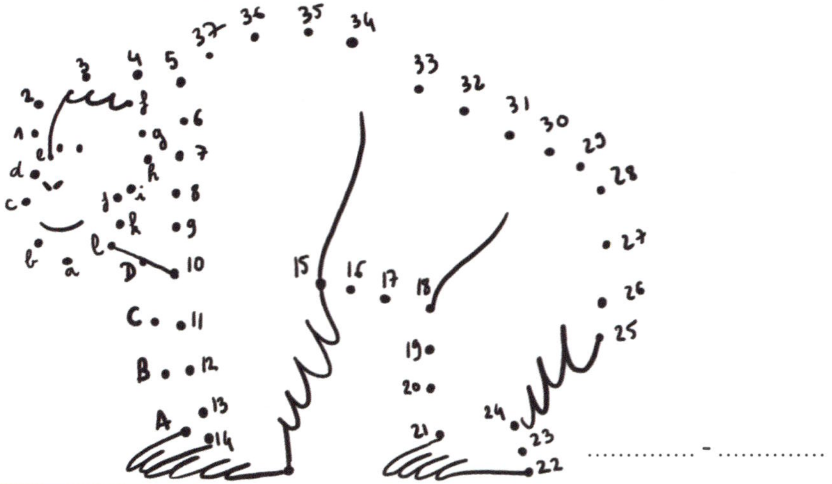

.... - ....

J'AGIS Mon carnet 100 % recyclé

Il te faut :
- 20 feuilles de brouillon vierges au verso
- de la ficelle ou du fil de laine
- 1 perforatrice

Et si tu transformais les feuilles de brouillon que tu stockes pour les transformer en un joli carnet à emporter partout ou à offrir ?

1. Plie les feuilles en deux, côté imprimé à l'intérieur.

2. Perce deux trous sur le côté de la feuille opposé au pli. Vérifie que les trous sont au même endroit sur toutes les feuilles.

3. Relie les feuilles entre elles avec de la ficelle ou du fil. Quand tu as terminé, fais un nœud.

3 a. des **belles** dents (F-P).
b. la **grosse** panique (F-S).
c. de **longues** minutes (F-P).
d. des villageois **disparus** (M-P).

Mathématiques

4 a. 13,3 ; 1,6 ; 5,05 ; 15,13.
b. $\frac{35}{10} = 3,5$
$\frac{35}{100} = 0,35$
$\frac{35}{1\,000} = 0,035$

5 18 < 18,008 < 18,07 < 18,088 < 18,888

6 28,40 → 27,86 → 29,43 → 29,40 → 29,015 → 29 → 26,5 → 29,8 → 27,20 → 26,80 → 24,45 → 27,5 → 25,5 → 25,450

Sciences et technologie

7 a. Nouvelle Lune → 3
b. Quartiers de Lune → 2 et 4
c. Pleine Lune → 1

10 Le Corbeau et le Renard

PAGES 30-31

As-tu bien compris ?

1 a. Le Corbeau ouvre le bec pour faire entendre sa voix au Renard.
b. Le Corbeau est honteux d'être tombé dans le piège du Renard.
c. C'est un chant d'oiseau.

Français

2 a. Le renard **est arrivé** par l'odeur alléché.
b. Le corbeau **a ouvert** un large bec et **a laissé** tomber sa proie.

3 a. C'est ; s'est - b. C'est - s'est - c. s'est.

Mathématiques

4 a. Vrai - b. Faux

5 A < C < B < D

6 a. 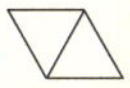 = 6 ; 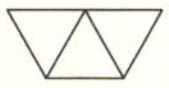 = 4
b. Exemples de corrigés :

Enseignement moral et civique

7 a. Liberté, **Égalité**, Fraternité
b. « Allons enfants de la Patrie !
Le jour de **gloire** est arrivé ! »
c. 14 **juillet**.
d. Bleu, **blanc** et rouge.

11 Cinq minutes pour tout savoir

PAGES 32-33

As-tu bien compris ?

1 a. C'est un journal qui donne des informations locales.
b. Le centre des Crêtes se trouve en montagne : Crêtes, vallée, montagne.
c. Léa se vexe parce que Thomas lui parle des Pandas.

Français

2 a. Est-ce que Thomas est animateur ? Thomas est-il animateur ?
b. Est-ce que l'interview se déroule bien ? L'interview se déroule-t-elle bien ?

3 a. Vaut-il mieux être animateur **ou** responsable ? - b. Le mieux, c'est l'endroit **où** l'on se trouve. - c. La vallée d'**où** vous êtes arrivés est splendide. - d. Le plus agréable, ce sont les enfants. **Ou** plutôt les Pandas !

Mathématiques

4 560 ; 100 ; 640 ; 31 500

5 1 500 → 750 ; 250 → 125
900 → 450 ; 850 → 425

6 Jura → 1 723 m
Alpes → 4 808 m
Massif central → 1 886 m
Pyrénées → 3 404 m

Géographie

7 Espagne - Italie - Allemagne - Belgique - France.

12 L'eau, de la rivière à la rivière

PAGES 34-35

As-tu bien compris ?

1 a. L'eau potable est stockée dans des réservoirs ou des châteaux d'eau.
b. Les eaux usées sont les eaux qui repartent de nos maisons, des usines... après avoir été utilisées.
c. Une eau claire est une eau transparente, une eau potable est une eau qui peut être bue.

Français

2 a. L'aquaculture : agriculture liée à l'eau (poissons, par exemple). - b. Déshydraté : qui manque d'eau. - c. Un animal aquatique : un animal qui vit dans l'eau.

3 **b.** Le Soleil est une étoile.
d. Les fleuves sont des cours d'eau.

Mathématiques

4 **a.** 6.
b. 25 cL = 0,25 **L** ;
32,5 dL = 3250 **mL** ;
0,87 L = 87 **cL** ; 235 mL = 2,35 **dL**.

5 • 120 : 4 = 30
30 × 2 = 60 donc A = 60 mL ;
• 120 : 4 = 30
30 × 5 = 150 donc B = 150 mL ;
• 120 : 4 = 30
30 × 3,5 = 105 donc C = 105 mL.

6 **a.** Seau A = 2,23 L
Seau B = 223 cL - 3 cL = 220 cL = 2,20 L
Seau C = 3,5 L
b. A : 2 ; B : 3 ; C : 1.

Sciences et technologie

7 (1) Station de pompage ;
(2) Station de traitement ;
(3) Château d'eau ;
(4) Canalisations ;
(5) Maisons ; (6) Égouts ;
(7) Station d'épuration.

13 Apporter sa maison

PAGES 36-37

As-tu bien compris ?

1 **a.** Les hommes se déplaçaient à cause du froid et pour suivre les troupeaux pour se nourrir.
b. *Nomade* signifie qui bouge.
c. *Sédentaire* signifie qui reste au même endroit.

Français

2 **a.** L'homme se déplac**e** pour se nourrir.
b. Les tentes se démont**ent**.
c. L'hiver, les hommes se protèg**ent** du froid.

3 **a.** Habiter : habitat ; habitation.
b. Déplacer : placer ; déplacement.
c. Installer : installation ; désinstaller.

Mathématiques

4 Le pavé droit 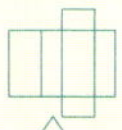
La pyramide 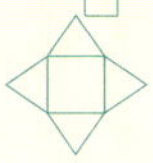
Le cube 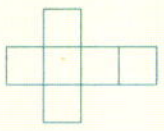

5 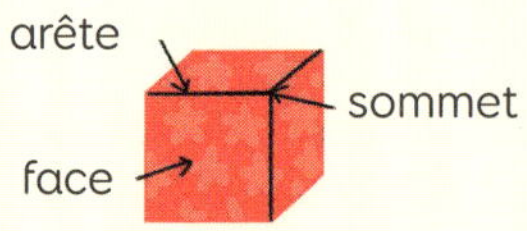

6 **a.** la pyramide - **b.** le cube - **c.** le pavé droit.

Anglais

7

Fruit	Meat	Vegetable
apple, watermelon, orange, tomato	sausage, chicken	carrot

BILAN

PAGE 38

1 Où se situent les Vosges ?
Qui est Jean de La Fontaine ?

2 Le loup **cherchait** une proie.
Il se **léchait** les babines en voyant le mouton.

3 C'est - ou - s'est - où.

4 Sous une illustration, il y a une légende : c'est un texte très court qui explique ce que l'on voit.

5 15,08 < 15,46 < 15,648 < 15,9 < 15,98 < 16,01 < 16,1

6 11 carreaux.

7 250 : 10 = 25 et 125 : 5 = 25
175 : 5 = 35 et 70 : 2 = 35

8 269 cL = **2,69** L
423 cL = **4 230** mL
64 dL = **640** cL
7 dL 4 cL = **0,74** L

9 L'eau qui sort **du château d'eau** est potable.
L'eau qui entre **dans les égouts** est non potable.

10 carrot → vegetable
apple → fruit
chicken → meat

JEUX

PAGE 39

1 Érable = 6. Chêne = 3.
Frêne = 2. Châtaignier = 9.

2
80 **40** 190 **190** 610 **440** **360** 90
120 380 **1050** 450
500 1500
2000

14 Animal en voie de disparition

PAGES 42-43

As-tu bien compris ?

1 **a.** Le crêtin est un animal poilu de taille moyenne. Il s'appelle ainsi car il vit dans les Crêtes.
b. Il étend ses pattes et utilise ses longs poils comme parachute.
c. Il risque de disparaitre car il est devenu la cible des chasseurs.

Français

2 a. • de petits insectes délicieux
• cette petite bête sympathique et naïve
b. Exemples de corrigés.
• un vieil animal féroce et dangereux
• des grands animaux magnifiques et majestueux

3 a. des animaux dangereux
b. les nouveaux journaux
c. des cailloux bleus
d. des cheveux et des poux
e. des carnavals médiévaux

Mathématiques

4

12,4 + 25,0 = 37,4	64,70 − 9,52 = 55,18
2,36 + 21,30 = 23,66	27,4 − 24,7 = 2,7

5 a. K = 17,6 ; O = 10 ; A = 17 ; L = 5,03 ; A = 6,4.
b. KOALA.

6 0,5 + **0,5** = 1
8,75 + **1,25** = 10

Sciences et technologie

7 Ces espèces sont menacées par la chasse ou le braconnage, pour leur pelage ou leurs vertus médicinales, et par la destruction de leur lieu de vie.

15 L'enfant a des droits

PAGES 44-45

As-tu bien compris ?

1 a. Cette convention sert à protéger les enfants.
b. Savoir lire et écrire permettra à l'enfant d'être autonome, libre et d'avoir accès plus facilement à la connaissance.

Français

2 Souligner : b. Je ne suis pas d'accord, c'est injuste !
d. La vie est fantastique !

3 a. J'ai dévoré une tablette de chocolat ! – b. La table du salon est encombrée. – c. Pendant les vacances d'hiver, nous avons pris le viaduc de Millau. – d. À l'école, nous jouons au foot avec un ballon en mousse.

Mathématiques

4 191

5 a. Faux – b. Vrai – c. Faux – d. Faux.

6 1 = Amérique latine/Caraïbes
2 = Afrique subsaharienne
3 = Autres régions
4 = Asie/Pacifique

Enseignement moral et civique

7

J'ai le droit de m'exprimer et d'être écouté(e).	J'ai le devoir de ne pas me moquer des autres.
J'ai le droit d'être aidé(e).	J'ai le devoir de garder propres les endroits où je vis.
J'ai le droit de vivre dans un endroit propre.	J'ai le devoir d'aider celui ou celle qui en a besoin.
J'ai le droit de ne pas comprendre du premier coup et de me tromper.	J'ai le devoir d'écouter celui ou celle qui parle.

16 La carte des poèmes sans a

PAGES 46-47

As-tu bien compris ?

1 a. C'est Léa qui a écrit la lettre.
b. Elle est adressée à quelqu'un (« Chers parents »), il y a une formule de politesse (« On vous embrasse très fort ») et elle est signée (« Léa et Max »).
c. Léa dit cela car elle aime beaucoup être avec ses amis du groupe des Pandas.

Français

2 a. Max et Léa envoi**ent**…
b. Max rapport**e**…
c. Les enfants embrass**ent**…
d. Les Pandas part**ent**…

3 De nos jours, une curieuse gentille bête vit recluse en forêt. C'est pour éviter d'être tuée.

Mathématiques

4 568 × 80 = **45 440**
5 680 × 80 = **454 400**
5 680 × 8 = **45 440**

5 725 × 100 = **72 500**
13 345 × **10** = 133 450
5,6 × 1000 = **5 600**
32 000 × **10** = 320 000

6 François Ier : **1515**
Louis XIV : **1661**

Histoire

7 Charlemagne est sacré empereur → 800 ; Sacre de Napoléon Ier → 1804 ; Prise de la Bastille → 1789 ;
Clovis arrive sur le trône de France → 481 ; l'édit de Nantes autorise les protestants à pratiquer leur religion → 1598.

CORRIGÉS

17 Le cheval, un grand travailleur

PAGES 48-49

As-tu bien compris ?

1 a. Parce que le cheval a beaucoup de force.
b. L'homme avait besoin du cheval car les péniches n'avaient pas de moteur.
c. Il y a deux intérêts : c'est écologique et cela abime moins les cultures et les forêts.

Français

2 Le cheval de trait (...) charges de bois (...) travaux de labour (...) animal de compagnie (...) animal de travail.

3 a. transport ; transporter ; intransportable ; transporteur ; exporter ; importateur -
b. port.

Mathématiques

4

×3

3	9	27
4	12	36

4	7	8
8	14	16

×2

5 Tableau A.

6 125 : 5 = 25 troncs par cheval ;
25 × 8 = 200 troncs.
8 chevaux peuvent transporter 200 troncs.

Géographie

7 • **Illustration de la campagne :** il y a des espaces cultivés ; il y a peu d'habitations.
Légende : La campagne ou milieu rural.

• **Illustration de la ville :** il y a des voitures partout ; il y a beaucoup d'habitations.
Légende : La ville ou milieu urbain.

18 Une exposition dans les buissons

PAGES 50-51

As-tu bien compris ?

1 a. C'est un article de journal. On le sait parce qu'il y a la date et le titre du journal en haut du texte.
b. Un « artiste en herbe », c'est une personne qui débute dans un art.
c. Des feuilles, de l'herbe, des branches.

Français

2 Les enfants **ont représenté** ce qu'ils **ont vu** dans la nature. Ils **se sont cachés** dans les buissons et **ont imaginé**...

3 Exemples de corrigés.
a. d'été - b. de mon voisin
c. du village, en terre cuite

Mathématiques

4

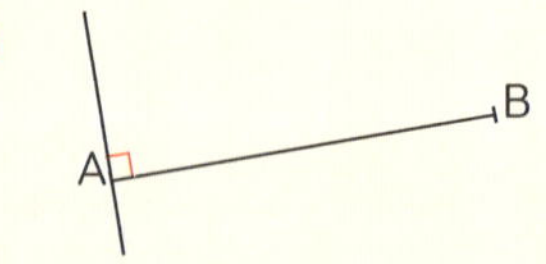

5

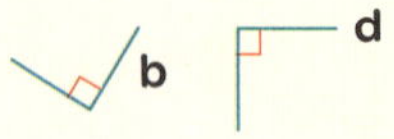

6 B < D < E < F < C < A.

Histoire

7 Faux ; vrai ; faux ; vrai ; vrai.

BILAN

PAGE 52

1 Exemples de corrigés.
a. Ce grand chien au collier rouge est gentil.
b. Mon chat blanc de race siamoise veut se promener la nuit.

2 a. Les chevaux, heureux, se promènent. - b. Les canaux longent les champs.

3 a. Le cheval **ne** broute **jamais** l'herbe fraiche.
b. La jument, elle, **ne** reste **pas** tranquille sous l'arbre.

4 avons lu - ai raconté

5 a. 12,33 - b. 264,8

6 2 354 × 100 = 235 400
125 × 10 = 1 250

7 45 : 5 = 9
9 × 12 = 108
12 jeux coutent 108 €.

8

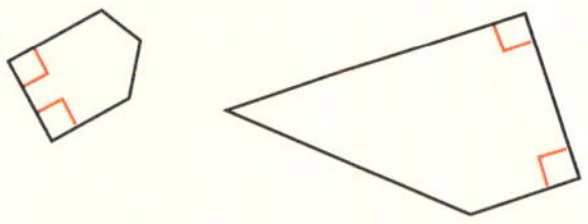

9 1 → Charlemagne ;
2 → François Ier ; 3 → Louis XIV ;
4 → Louis XVI.

10 Vrai - Faux.

JEUX

PAGE 53

1 Vous trouverez le trésor sous le cocotier en bas de la falaise. Signé Yat le pirate.

2

Will Captain Yat Floc

Charade

Mon premier est un oiseau voleur.
Mon deuxième est un outil qui coupe du bois.
Mon troisième est une négation.
Dans mon tout, on aime s'y plonger.

Réponse : piscine (pie-scie-ne).

MATHÉMATIQUES

4 Calcul mental

Effectue les divisions sans les poser.

5 600 : 10 = ...

500 : 5 = ...

6 400 : 10 = ...

63 000 : 2 = ...

5 À moitié...

Relie les nombres à leur moitié.

1500 •	• 125
250 •	• 425
900 •	• 750
850 •	• 450

6 Point culminant

35

AIDE p. 60

Effectue les divisions pour retrouver le point culminant des montagnes.

10 338 | 6

19 232 | 4

9 430 | 5

27 232 | 8

Jura = ...

Alpes = ...

Massif central = ...

Pyrénées = ...

GÉOGRAPHIE

7 Pays frontaliers de la France

À l'aide du code, retrouve les noms des pays et place-les sur la carte.

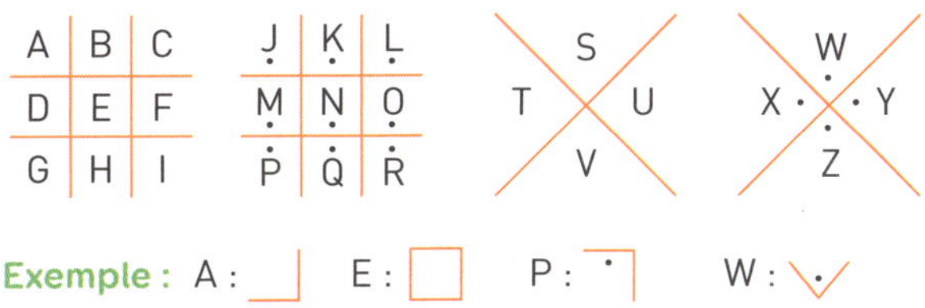

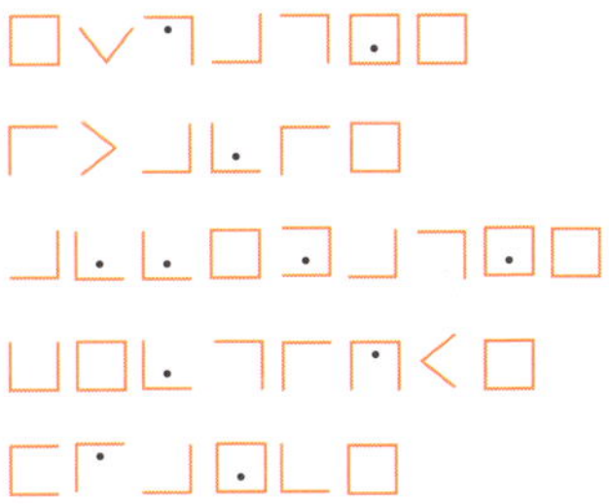

→ ....

→ ....

→ ....

→ ....

→ ....

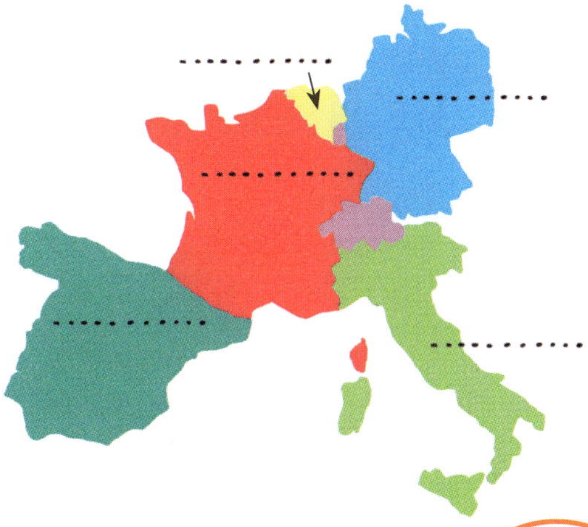

Tu as terminé ? Colle ton sticker ici !

12 L'eau, de la rivière à la rivière

Lecture

L'eau consommée dans nos maisons est pompée dans les cours d'eau ou les nappes souterraines.
Pour qu'elle soit potable, elle est nettoyée dans une usine appelée station de pompage. Une fois propre, elle passe par les canalisations pour être stockée dans des réservoirs ou des châteaux d'eau.
De là, elle arrive dans nos maisons, mais aussi dans les écoles, les usines, les magasins... Cette eau est utilisée comme boisson, pour se laver, faire la cuisine, laver le linge, dans les toilettes... Les eaux salies s'appellent les « eaux usées ».
Ces eaux usées vont directement dans les égouts, d'énormes tuyaux sous terre. Au bout des égouts, les eaux sont filtrées et traitées dans une station d'épuration.
Quand l'eau est redevenue claire car épurée, elle est rejetée à la mer ou à la rivière. Mais attention, cette eau claire n'est pas potable ! Pour qu'on puisse la boire, elle devra recommencer le chemin...

1 As-tu bien compris ?

a. Où est stockée l'eau potable avant d'arriver chez toi ?

....

b. Qu'appelle-t-on des « eaux usées » ?

....

c. Quelle est la différence entre une eau claire et une eau potable ?

....

FRANÇAIS

26 AIDE p. 59

2 Même famille

Voici des mots de la famille de « eau ».
Leur racine est soit *hydro*, qui vient du grec, soit *aqua*, qui vient du latin.
Imagine et écris la définition de chacun d'eux.

a. l'aquaculture : ....

b. déshydraté : ....

c. un animal aquatique : ....

13 AIDE p. 57

3 Présent

Entoure les phrases dans lesquelles le présent est employé pour exprimer une vérité générale.

a. Aujourd'hui, il fait beau.

b. Le Soleil est une étoile.

c. Papa arrose la pelouse depuis ce matin.

d. Les fleuves sont des cours d'eau.

Devinette
La mère de Zoé a trois filles : Chloé, Maëlle et… ?

Réponse : Zoé.

MATHÉMATIQUES

38 AIDE p. 60

4 Petits et grand flacons

a. Entoure le nombre de petits flacons nécessaires pour remplir le grand.

4   7   6   8

b. Indique les unités manquantes.

25 cL = 0,25 ....   32,5 dL = 3 250 ....

0,87 L = 87 ....   235 mL = 2,35 ....

5 Parfum

Le contenu des flacons de parfum est mesuré avec une unité, l'once liquide, notée fl oz.
120 mL = 4 fl oz.

Complète les contenances des flacons.

A = ... mL

B = ... mL

C = ... mL

A   B   C

6 Problème de seaux

a. Indique en litres la quantité d'eau contenue dans chaque seau.

- Le seau A contient 22,3 dL d'eau, soit .... L.
- Le seau B contient 3 cL de moins que le seau A, soit .... L.
- Le seau C contient 3 500 mL, soit .... L.

b. Numérote les seaux du plus plein au moins plein.

A ☐

B ☐

C ☐

SCIENCES ET TECHNOLOGIE

7 L'eau domestique

Numérote les dessins dans l'ordre du passage de l'eau.

station d'épuration des eaux usées ◯

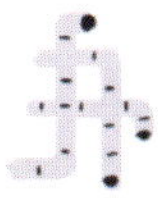
canalisations ◯

maisons ◯

château d'eau ◯

station de pompage ◯

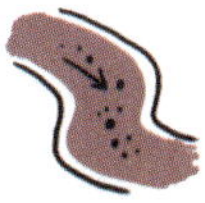
égouts ◯

station de traitement de l'eau ◯

Tu as terminé ? Colle ton sticker ici !

13 Apporter sa maison

A. Le tipi :
la tente des Indiens d'Amérique

B. La yourte :
la tente des habitants des steppes mongoles

C. La caravane :
une maison qui roule !

D. La tente :
une maison que tu montes et démontes très vite !

Lecture

L'homme a toujours cherché à se protéger du froid. Dès le Paléolithique, il invente un mode d'habitat fait de bouts de bois ou d'os et de peaux d'animaux, c'est-à-dire les premières tentes ! Cet abri est démontable, les hommes peuvent donc l'installer à des endroits différents suivant les saisons.
Les hommes préhistoriques se déplaçaient ainsi à cause du froid d'une part, mais aussi pour suivre les troupeaux pour se nourrir.
Au fil du temps, beaucoup d'hommes sont devenus sédentaires, mais il reste encore quelques populations nomades.

1 As-tu bien compris ?

a. **Pourquoi les hommes se déplaçaient-ils ?**

....

....

b. **Que veut dire le mot *nomade* ?**

....

....

c. ***Sédentaire* est le contraire de *nomade*. Peux-tu expliquer ce que ce mot signifie ?**

....

....

FRANÇAIS

2 Accord sujet-verbe

19 AIDE p. 58

Conjugue les verbes au présent. Attention à l'accord avec le sujet.

a. L'homme se déplac.................... pour se nourrir.

b. Les tentes se démont.................... .

c. L'hiver, les hommes se protég.................... du froid.

3 Même famille

26 AIDE p. 59

Pour chaque verbe, trouve deux mots de la même famille.

a. habiter : ....

b. déplacer : ....

c. installer : ....

Devinette
La souris mange le fromage, le chat mange la souris. Qui reste-t-il ?

Réponse : le chat.

MATHÉMATIQUES

4 À chacun son patron

43 AIDE p. 61

Relie le nom du solide au patron qui lui correspond.

pavé droit • pyramide • cube •

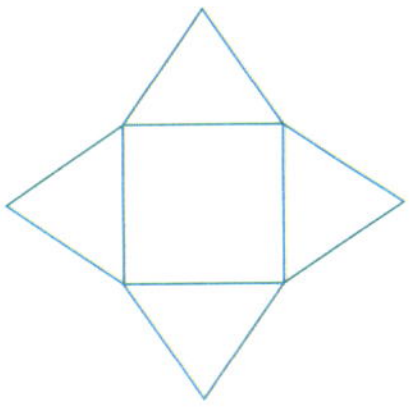
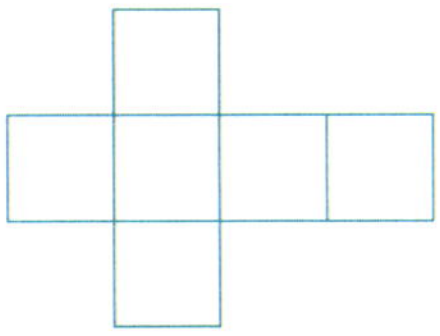
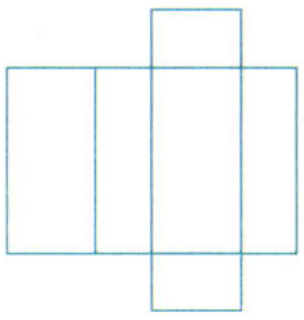

5 Paquet cadeau

Voici un cube, complète la légende.

....

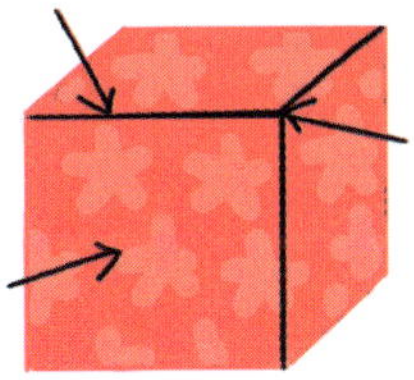

....

....

6 Devinettes

a. J'ai 4 faces triangulaires, je suis ....

b. J'ai 6 faces carrées, je suis ....

c. J'ai 6 faces rectangulaires, je suis ....

ANGLAIS

7 Les aliments

Entoure chaque aliment en rouge, bleu ou vert selon le groupe auquel il appartient, puis écris son nom en anglais dans le tableau.

apple

sausage

chicken

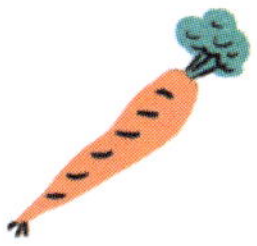
carrot

watermelon

orange

tomato

Fruit	Meat	Vegetable

Tu as terminé ? Colle ton sticker ici !

BILAN

1 Écris la question qui correspond à la réponse proposée.

.... ?
Les Vosges se situent dans l'est de la France.

.... ?
Jean de La Fontaine est un grand poète.

/2

2 Conjugue les verbes à l'imparfait.

Le loup (chercher) .... une proie.
Il se (lécher) .... les babines en voyant le mouton.

/2

3 Complète avec *c'est/s'est* et *ou/où*.

.... mon anniversaire. Mes parents m'achètent chaque année une petite voiture .... un petit camion. Ma collection .... terriblement agrandie, mais je ne sais plus .... la ranger !

/2

4 Coche la bonne réponse.

Sous une illustration, il y a une légende, c'est :

- un texte qui raconte ce qui se passait avant. ☐
- un texte très court qui explique ce que l'on voit. ☐
- une bulle de bande dessinée. ☐

/2

5 Classe les nombres dans l'ordre croissant.

15,9 - 15,46 - 16,1 - 15,98 - 16,01 - 15,08 - 15,648

.... < .... < .... < ....
< .... < .... < ....

/2

6 Calcule l'aire de cette figure.

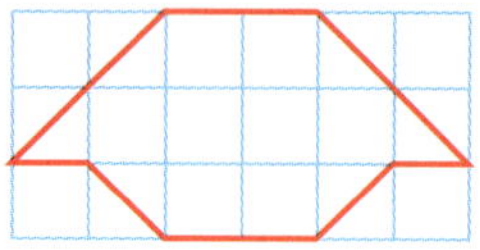

Unité d'aire = 1 carreau

.... carreaux

/2

7 Entoure de la même couleur les divisions qui ont le même résultat.

250 : 10 175 : 5 125 : 5 70 : 2

/2

8 Effectue les conversions dans l'unité demandée.

269 cL = ... L 423 cL = ... mL
64 dL = ... cL 7 dL 4 cL = ... L

/2

9 Entoure les bonnes réponses.

- L'eau qui sort de *la station d'épuration / du château d'eau* est potable.
- L'eau qui entre *dans les égouts / dans la maison* est non potable.

/2

10 Relie chaque aliment au groupe auquel il appartient.

carrot •	• fruit
apple •	• meat
chicken •	• vegetable

/2

Ton score : .... / 20

JEUX

Dans la nature

1 Jeu des nombres cachés. Trouve la valeur de chaque feuille.

La feuille d'érable =	La feuille de chêne =	La feuille de frêne =	La feuille de châtaignier =

2 Complète les feuilles vides de l'arbre. La somme des deux feuilles correspond au nombre écrit sur la branche. Les branches s'additionnent jusqu'au tronc.

Doc de l'été

LA FORÊT RESPIRE LA VIE !

La forêt est pleine de vie ! Elle abrite de nombreuses espèces animales et végétales. Sur Terre, elle est indispensable : c'est grâce à elle que nous respirons.

Le feu : principal ennemi de la forêt

Les incendies font terriblement souffrir la forêt. Chaque année, ils détruisent de grandes étendues de bois. Un orage, une éruption volcanique provoquent parfois un feu. Mais 9 fois sur 10, l'homme est le seul responsable. Quand on est dans la forêt, il faut faire très attention : un barbecue, un mégot de cigarette ou même un simple morceau de verre peuvent déclencher un feu.

Les champions de la vie

Certains arbres vivent très longtemps : les hêtres peuvent vivre 300 ans et les baobabs 2 000 ans ! Comme un arbre grandit et grossit tout au long de sa vie, celui qui vit longtemps peut devenir très impressionnant. Certains arbres mesurent 150 mètres : la moitié de la tour Eiffel !

Le « poumon vert » de la planète

Par leur respiration, les arbres et les plantes des forêts transforment l'air et le rendent plus pur.
Ainsi, grâce aux forêts, nous pouvons tous respirer un air meilleur. La forêt aide la planète à respirer !

Forêt, comment vas-tu ?

Bonne nouvelle : la forêt française se porte bien. Elle couvre un peu plus d'un quart de notre territoire et grandit chaque année de 50 000 hectares. Cela correspond à environ 50 000 terrains de football ! Point noir : en Amérique, en Asie et en Afrique, la forêt tropicale diminue car les hommes coupent trop d'arbres. Chaque année, une surface de forêt tropicale grande comme l'Angleterre disparait.

Une maison pour tous

Beaucoup de plantes et d'animaux vivent dans la forêt. Selon les différentes régions du monde, on trouve des espèces très variées. Si tu te promènes dans une forêt française, tu croiseras peut-être un écureuil, un chêne ou un brin de muguet... mais tu ne rencontreras pas de tigre, comme dans la jungle asiatique !

Promenons-nous dans les bois...

Si tu aimes passer du temps dans la forêt, voici quelques gestes à adopter :

- reste sur les chemins balisés pour ne pas écraser la végétation ;
- ne jette rien par terre ;
- ne fais pas trop de bruit pour ne pas déranger les animaux.

14 Animal en voie de disparition

Lecture

La Gazette des Pandas enragés présente le document de l'été :

« Le crêtin des Crêtes »

Le crêtin, qu'on ne prendra pas pour un autre du même nom, se nourrit exclusivement de baies et de petits insectes. Poilu, de taille moyenne, un peu plus gros qu'un lapin sans les oreilles, il se déplace très lentement. Il sait grimper aux arbres et se cache derrière les feuillages. Perché sur une branche, il attend qu'un insecte vole devant lui, puis s'élance dans le vide. Il réussit à attraper sa proie une fois sur cinq. Sa technique de réception est très particulière : il étend ses quatre pattes et se sert de ses longs poils comme d'un parachute. Mais ce sont les arbustes qui amortissent la chute du crêtin, moins habile qu'un chat. Il finit son repas par des baies sauvages. Cette petite bête sympathique et naïve, qui vit dans les Crêtes, est malheureusement devenue la cible des chasseurs. Disparaitra-t-elle un jour ?

1 As-tu bien compris ?

a. **Qu'est-ce qu'un « crêtin » et d'où vient son nom ?**

....

....

b. **Comment fait-il quand il s'élance dans le vide ?**

....

c. **Pourquoi le crêtin risque-t-il de disparaitre ?**

....

FRANÇAIS

2 Groupe de noms

9 — AIDE p. 57

a. **Souligne les déterminants et entoure les adjectifs dans les groupes nominaux.**

- de petits insectes délicieux
- cette petite bête sympathique et naïve

b. **Écris deux groupes nominaux contenant trois adjectifs, un groupe au singulier et un au pluriel.**

- (sing.) ....
- (pluriel) ....

3 Pluriels particuliers

24 — AIDE p. 59

Écris les groupes nominaux au pluriel.

a. un animal dangereux → ....

b. le nouveau journal → ....

c. un caillou bleu → ....

d. un cheveu et un pou → ....

e. un carnaval médiéval → ....

Devinette
Que dit une virgule à un point ?

Réponse : « Arrête de me couper la parole ou je te mets entre parenthèses ! »

MATHÉMATIQUES

32

AIDE p. 60

4 Calcul de nombres décimaux

Ces opérations sont mal posées. Repose-les et effectue les calculs.

12,4	64,7	2,36	24,7
+ 25	- 9,52	+ 21,3	- 27,4

5 Animal en danger

a. Sans poser les opérations, trouve le bon résultat. Entoure la lettre correspondante.

18 – 0,4	→	F = 14	K = 17,6	E = 17,06
3,5 + 6,5	→	A = 9,5	I = 11	O = 10
14, 6 + 2,4	→	A = 17	G = 16	U = 38,6
8,03 - 3	→	B = 8	L = 5,03	E = 8,73
10 - 3,6	→	H = 6	N = 6,04	A = 6,4

b. Recopie dans l'ordre les lettres que tu as entourées. Tu trouveras le nom d'un animal.

....

6 Calcul mental

Complète les égalités.

0,5 + ... = 1   8,75 + ... = 10

SCIENCES ET TECHNOLOGIE

7 Des espèces menacées

• **Les pandas géants :** ils sont encore environ 1600 à vivre en pleine nature. Leur habitat se réduit sans cesse, de plus en plus d'hommes abattant les forêts pour avoir du bois et pour y faire de l'agriculture. Les pandas géants sont aussi tués pour leur magnifique pelage.

• **Les bonobos :** les braconniers les chassent illégalement pour les vendre comme viande de brousse, comme animaux de compagnie, ou pour leurs soi-disant vertus médicinales.
La plus grande menace reste la destruction de la forêt tropicale pour l'exploitation agricole (cultures, élevage...).

Ces deux espèces se trouvent menacées pour les mêmes raisons. Lesquelles ?

....

....

Tu as terminé ? Colle ton sticker ici !

15 L'enfant a des droits

Lecture

Le 20 novembre 1989, la Convention internationale des droits de l'enfant est adoptée. Cette convention donne les mêmes droits à tous les enfants du monde : les enfants riches et les enfants pauvres, les filles et les garçons.

1 As-tu bien compris ?

a. D'après toi, à quoi sert la Convention internationale des droits de l'enfant ?

....

....

b. Pourquoi un enfant doit-il apprendre à lire et à écrire ?

....

....

▶ Affiche qui fête les 25 ans de la Convention internationale des droits de l'enfant.

FRANÇAIS

2 La forme exclamative

6 AIDE p. 56

Souligne les phrases à la forme exclamative.

a. Un enfant n'a pas le droit de travailler.

b. Je ne suis pas d'accord, c'est injuste !

c. Vous devez apprendre à lire et à écrire.

d. La vie est fantastique !

3 Le complément du nom

11 AIDE p. 57

Souligne les compléments du nom et entoure les prépositions.

a. J'ai dévoré une tablette de chocolat !

b. La table du salon est encombrée.

c. Pendant les vacances d'hiver, nous avons pris le viaduc de Millau.

d. À l'école, nous jouons au foot avec un ballon en mousse.

Devinette
En hiver, il a perdu presque toutes ses feuilles, mais ce n'est pas un arbre. Qui est-ce ?

Réponse : le calendrier.

MATHÉMATIQUES

4 Petits ouvriers

45 AIDE p. 61

Complète la dernière ligne du tableau.

Enfants âgés de 5 à 14 ans ayant une activité en 2004 (en millions) Rapport publié en mai 2006 par l'Organisation internationale du travail	
Asie/Pacifique	122
Afrique subsaharienne	50
Amérique latine/Caraïbes	6
Autres régions	13
Total dans le monde	....

5 *Vrai ou faux ?*

a. La majorité des enfants qui travaillent vit en Afrique subsaharienne. ....

b. 191 000 000 d'enfants travaillent dans le monde. ....

c. Ces statistiques concernent l'année 2006. ....

d. 178 millions d'enfants travaillent en Afrique subsaharienne, en Asie et dans le Pacifique. ....

6 Enfants et travail

En t'aidant des données de l'exercice 4, complète la légende du graphique avec le nom des régions du monde concernées.

Enfants âgés de 5 à 14 ans travaillant en 2004 (en millions)

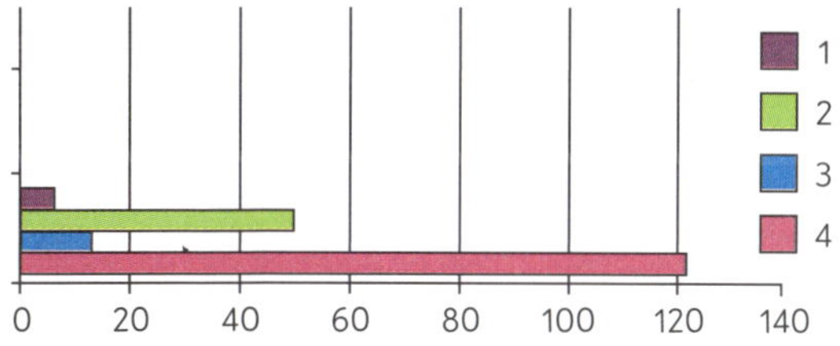

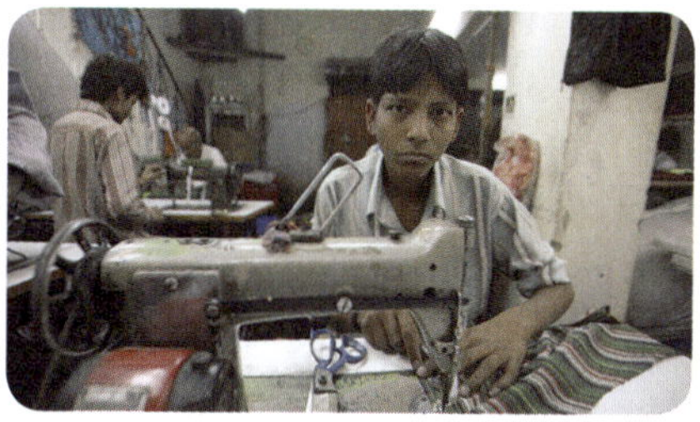

1 .... 2 ....

3 .... 4 ....

ENSEIGNEMENT MORAL ET CIVIQUE

7 Droits et devoirs

C'est parce que nous respectons les autres que nous pouvons faire beaucoup de choses.
On appelle cela les droits et les devoirs. En effet, tu as des droits parce que tu as des devoirs envers les autres.
Colorie de la même couleur les droits et les devoirs qui vont ensemble.

J'ai le droit de m'exprimer et d'être écouté(e).	J'ai le devoir de ne pas me moquer des autres.
J'ai le droit d'être aidé(e).	J'ai le devoir de garder propres les endroits où je vis.
J'ai le droit de vivre dans un endroit propre.	J'ai le devoir d'aider celui ou celle qui en a besoin.
J'ai le droit de ne pas comprendre du premier coup et de me tromper.	J'ai le devoir d'écouter celui ou celle qui parle.

Tu as terminé ? Colle ton sticker ici !

16 La carte des poèmes sans *a*

Lecture

Chers parents,
Tout va bien, ne vous inquiétez pas.
Nous sommes très sages. Il fait beau.
Nous prenons des couleurs, du poids et des forces.
Max a gagné une médaille en chocolat au jeu des poèmes sans *a*. Il a inventé celui-ci :
« Lundi, je peins dix zèbres roses et verts
Mercredi, je crois dur comme fer que je suis en mer
Jeudi, je dis oui oui oui
Vendredi, je vends des redis
Le reste du temps, je dors comme un loir. »
Je sais, il a un peu triché sur les radis, mais il a eu beaucoup de succès.
Moi, je n'ai pas réussi parce que je ne pouvais pas écrire le mot « panda ».
Et sans panda, rien ne va.
On vous embrasse très fort.

Léa et Max, vos pandas préférés, adorés des montagnes

1 As-tu bien compris ?

a. Qui a écrit la lettre ?

....

b. Souligne les trois éléments qui font que ce texte est une lettre.

c. Pourquoi Léa dit-elle : « sans panda, rien ne va » ?

....

FRANÇAIS

2 Accord sujet-verbe

19 AIDE p. 58

Souligne le sujet et complète la terminaison des verbes au présent.

a. Max et Léa envoi.......... une lettre à leurs parents.

b. Max rapport.......... un souvenir des Crêtes.

c. Les enfants embrass.......... fort leurs parents.

d. Les Pandas part.......... faire un défi.

3 Texte sans *a*

Récris le texte sans *a* et sans changer le sens.

Aujourd'hui, une étrange mais adorable bête habite cachée dans les arbustes. Elle a peur de disparaitre.

....

....

....

Charade
Mon premier est une note de musique.
On se nourrit de mon deuxième.
Mon troisième s'attache.
Mon tout est indispensable
pour faire du pain.

Réponse : farine (fa-riz-nœud).

MATHÉMATIQUES

4 Multiplications

Calcule les produits. Colorie de la même couleur les produits équivalents.

568 × 80 = ...

5 680 × 8 = ...

5 680 × 80 = ...

5 Calcul mental

34 AIDE p. 60

Complète les égalités.

$725 \times 100 =$ ....

$13\,345 \times$ .... $= 133\,450$

$5{,}6 \times 1000 =$ ....

$32\,000 \times$ .... $= 320\,000$

6 Votre majesté !

33 AIDE p. 60

Pour retrouver les dates de début de règne des rois, effectue les multiplications puis divise mentalement le résultat par 10.

François Ier

6	0	6
×	2	5

....

Louis XIV

1	5	1	0
×		1	1

....

HISTOIRE

7 Grands évènements historiques

Remplace les étoiles * par des *a*, puis relie chaque évènement à la date correspondante.

Ch*rlem*gne est s*cré empereur. •	• 1804
S*cre de N*poléon Ier •	• 1598
Prise de l* B*stille. •	• 481
Clovis *rrive sur le trône de Fr*nce. •	• 800
L'édit de N*ntes *utorise les protest*nts * pr*tiquer leur religion. •	• 1789

Tu as terminé ? Colle ton sticker ici !

17 Le cheval, un grand travailleur

Lecture

Les chevaux tirent la péniche, ils marchent sur le chemin de halage.

Aujourd'hui, en France, le cheval de trait est de nouveau utilisé pour le débardage.

Dans les vignes, le cheval tire la charrue pour retourner la terre.

1 As-tu bien compris ?

a. Pourquoi l'homme se fait-il aider par le cheval ?

....

b. Pourquoi l'homme avait-il besoin du cheval pour tirer les péniches ?

....

....

c. À ton avis, quel est l'intérêt de ne pas utiliser des machines ?

....

....

FRANÇAIS

11 AIDE p. 57

2 Informations complémentaires

Entoure les compléments des noms soulignés.

Le <u>cheval</u> de trait est un animal docile.

Il peut transporter des lourdes <u>charges</u> de bois.

Il peut aussi effectuer des <u>travaux</u> de labour.

Ce n'est pas qu'un <u>animal</u> de compagnie,

c'est aussi un <u>animal</u> de travail.

25 AIDE p. 59

3 Préfixe et suffixe

a. Dans la famille de mots suivante, souligne en rouge le préfixe et en vert le suffixe (quand il y en a).

transport - transporter - intransportable - transporteur - exporter - importateur

b. Quel est le radical de ces mots ?

....

Devinette
M. et Mme Javel ont une fille, comment s'appelle-t-elle ?
Réponse : Aude (eau de Javel).

MATHÉMATIQUES

4 Proportionnalité

44
AIDE p. 61

Complète les tableaux de proportionnalité.

× ......

3	9	27
4	....	....

4	7	8
8	14	16

× ......

5 Trouve le bon tableau

Barre le tableau qui n'est pas un tableau de proportionnalité.

A

7	28	56
5	20	80

B

4	5	6
8	10	12

6 Transport de troncs

5 chevaux sont nécessaires pour transporter 125 troncs d'arbres.
Combien de troncs peuvent transporter 8 chevaux ?

....

....

GÉOGRAPHIE

7 Ville ou campagne ?

Relie les phrases à l'illustration qui correspond. Puis complète les légendes des illustrations.

Il y a des espaces cultivés.

Il y a peu d'habitations.

Il y a beaucoup d'habitations.

Il y a des voitures partout.

La .... ou milieu ....

La .... ou milieu ....

Tu as terminé ? Colle ton sticker ici !

18 Une exposition dans les buissons

Lecture

Journal *Le Montagnard*, mardi 6 aout
UNE EXPOSITION DANS LES BUISSONS
Hier a été inaugurée l'exposition «Art et Nature».

À l'initiative de M. Thomas Verdier, animateur responsable de la colonie des Crêtes, les enfants ont pu participer au projet de sculptures dans les buissons. «Nous leur avons demandé de montrer ce qu'ils voyaient dans la nature», explique-t-il.
Les artistes en herbe ont fait preuve d'une imagination sans limite. Ainsi, nous avons vu apparaitre un président des animaux, une soucoupe à volants, un chapeau de mures, un gentil loup-garou et, surprise, une chaise piquante pour s'asseoir si on est fatigué en randonnée.
Mais notre coup de cœur revient à ces quatre jeunes et intrépides amis, dont le magnifique panda géant a ravi la foule de visiteurs.

1 As-tu bien compris ?

a. Quel est le type de ce texte ?

....

b. Explique l'expression un «artiste en herbe».

....

c. D'après toi, quels matériaux ont été utilisés pour réaliser le panda ?

....

FRANÇAIS

16 AIDE p. 58 17 AIDE p. 58

2 Passé composé

Recopie ce texte en conjuguant les verbes au passé composé.

Les enfants représentent ce qu'ils voient dans la nature. Ils se cachent dans les buissons et imaginent...

....

....

11 AIDE p. 57

3 Quelques précisions

Complète chaque phrase avec un complément du nom.

a. Les vacances .... sont finies.

b. La chèvre .... a bien mangé.

c. Les artistes .... ont terminé leur sculpture ....

Charade

Mon premier est un animal domestique.
Mon deuxième est le contraire de *tard*.
Mon troisième a 365 jours.
Mon quatrième est une boisson chaude.
Mon tout fait peur.

Réponse : château hanté (chat-tôt-an-thé).

MATHÉMATIQUES

39

AIDE p. 60

4 Angle droit

Trace un angle droit en A.

5 Équerre

Avec ton équerre, repère et marque les angles droits.

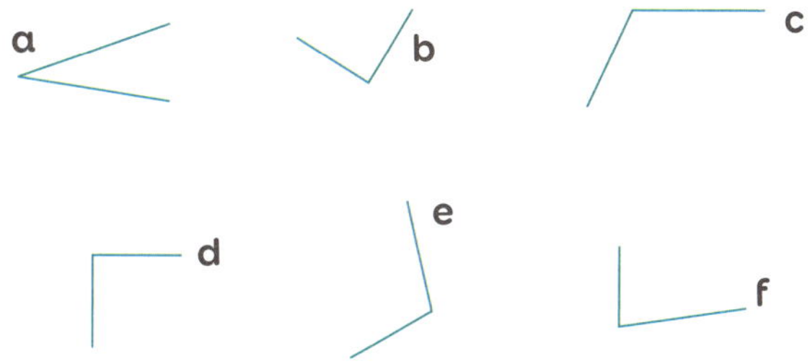

6 Question d'angles

Classe les angles formés par les compas du plus fermé au plus ouvert.

Tu peux utiliser le coin d'une carte postale comme gabarit d'angle droit.

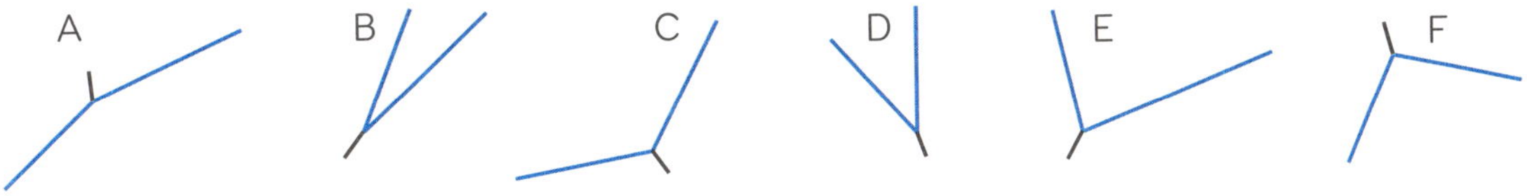

.... < .... < .... < .... < .... < ....

HISTOIRE

7 L'art de la Renaissance

Réponds par *vrai* ou *faux*.

- Le mouvement artistique de la Renaissance est né en France. ....
- Les artistes de la Renaissance s'inspirent de l'Antiquité. ....
- Raphaël a peint *La Joconde*. ....
- Michel-Ange est un sculpteur de la Renaissance. ....
- Les nobles français découvrent la Renaissance italienne à l'occasion des guerres menées contre l'Italie. ....

Tu as terminé ? Colle ton sticker ici !

BILAN

1 Ajoute un adjectif et un complément du nom à chaque groupe nominal sujet.

a. Ce chien est gentil.

....

b. Mon chat veut se promener la nuit.

....

/2

2 Récris les phrases au pluriel.

a. Le cheval, heureux, se promène.

....

b. Le canal longe le champ.

....

/2

3 Écris ces phrases à la forme négative.

a. Le cheval broute toujours l'herbe fraiche.

....

b. La jument, elle, reste tranquille sous l'arbre.

....

....

/2

4 Conjugue les verbes au passé composé.

Pendant les vacances, nous (lire) .... un livre très drôle. J' (raconter) .... l'histoire à tout le monde.

/2

5 Entoure la bonne réponse.

a. 17,7 – 5,37 = 12,47 ou 12,33

b. 42,8 + 222 = 264,8 ou 650

/2

6 Calcule les multiplications sans les poser.

2 354 × 100 = ...

125 × 10 = ...

/2

7 Résous le problème de proportionnalité.

5 jeux coutent 45 €.

Combien coutent 12 jeux ?

....

/2

8 Repère et marque les angles droits de ces figures.

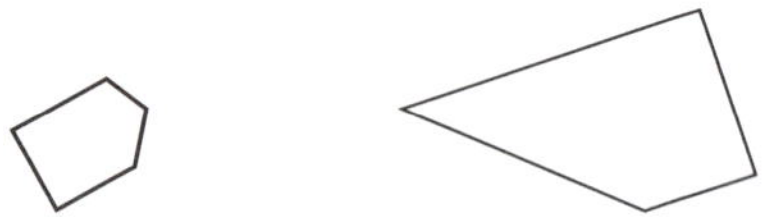

/2

9 Numérote dans l'ordre chronologique les rois de France.

François Ier .... Louis XVI ....

Charlemagne .... Louis XIV ....

/2

10 *Vrai* ou *faux* ?

- Dans une ville, il y a beaucoup d'immeubles.

....

- À la campagne, la circulation est dense.

....

/2

Ton score : .... / 20

L'ILE au TRÉSOR

1 **Décode vite le message grâce au code secret et tu seras le premier / la première à trouver le trésor !**

A	B	C	D	E	F	G	H	I	J	K	L	M	N	O	P	Q	R	S
9	12	15	16	18	20	21	24	25	27	28	30	32	35	36	40	42	45	48

T	U	V	W	X	Y	Z
49	54	56	63	64	72	81

7×8	6×6	6×9	6×8

7×7	9×5	4×9	9×6	8×7	3×6	5×9	2×9	9×9

6×5	6×3

7×7	9×5	9×2	8×6	9×4	9×5

8×6	6×6	9×6	6×8

5×6	3×6

3×5	9×4	5×3	4×9	7×7	5×5	2×9	5×9

6×3	7×5

4×3	3×3	6×8

4×4	9×2

6×5	3×3

5×4	3×3	5×6	3×3	5×5	8×6	3×6

6×8	5×5	7×3	7×5	9×2

9×8	3×3	7×7

6×5	2×9

5×8	5×5	9×5	3×3	7×7	6×3

2 **Lis les indices puis remplis le tableau et trouve le nom des pirates par déduction.**

Will n'a pas de crochet ni de perroquet.
Floc adore son cache-œil.
Yat n'a ni crochet ni jambe de bois.

Yat				
Will				
Captain				
Floc				

LA NOUVELLE-ZÉLANDE

Partons en voyage de l'autre côté du monde ! Connais-tu cette ile très lointaine, où l'on parle anglais et où le rugby est un sport national ?

À l'autre bout du monde

Si tu prends un globe terrestre et si tu cherches un pays très éloigné de la France, tu devrais trouver la Nouvelle-Zélande... Située dans l'océan Pacifique, au large de l'Australie, elle appartient au continent appelé l'Océanie. Elle est découpée en deux iles principales qu'on appelle tout simplement « ile du Nord » et « ile du Sud ».

Un mélange de peuples

Les premiers habitants de la Nouvelle-Zélande s'appellent les Maoris. Ils ont leur propre culture et leur propre langue, le maori. Leur pays a été envahi par les Européens il y a longtemps. Ainsi, on trouve aujourd'hui en Nouvelle-Zélande des Maoris, mais aussi des descendants des Européens blancs qui parlent anglais.

Un tiki

Les tikis sont des sculptures de personnages faites par les Maoris.

Un pays de sportifs

La Nouvelle-Zélande est un petit pays, mais ses habitants sont très sportifs ! On y joue au cricket, au rugby, au netball (un sport qui ressemble au basketball), on fait de la voile, etc. Les Néozélandais sont même champions du monde dans plusieurs sports, comme le rugby. Les joueurs s'habillent entièrement en noir, on les appelle les *All Blacks*, ce qui veut dire « tout noirs ».

Où se cachent les kiwis ?

Les Néozélandais ont un surnom : les « kiwis ». C'est un surnom qu'ils se donnent en hommage à un petit animal très apprécié dans le pays : le kiwi. C'est un étrange oiseau au long bec, qui ne peut pas voler et qui se cache souvent dans son terrier. Il est devenu très rare et c'est difficile de le voir. D'autres espèces d'animaux vivent uniquement en Nouvelle-Zélande. Malheureusement, beaucoup sont menacées d'extinction et doivent être protégées, comme le perroquet kakapo.

Aide-mémoire

FRANÇAIS

Les différents types de textes
AIDE 1

- Les textes qui **décrivent**.

Exemple : *un portrait.*

- Les textes qui **racontent des histoires**.

Exemple : *un roman.*

- Les textes qui **jouent avec les mots**.

Exemple : *un poème.*

- Les textes qui **disent comment faire**.

Exemple : *une recette.*

- Les textes qui **veulent convaincre**.

Exemple : *une publicité.*

- Les textes qui **expliquent**.

Exemple : *un documentaire, un article de journal.*

Les types de phrases
AIDE 2

- La **phrase déclarative** exprime un fait. Elle se termine par un point.

Exemple : *Je suis en vacances.*

- La **phrase interrogative** pose une question. Elle se termine par un point d'interrogation.

Exemple : *Quand l'école reprend-elle ?*

- La **phrase impérative** exprime un ordre ou un conseil. Elle se termine par un point ou un point d'exclamation.

Exemple : *Chut ! Laissez-moi dormir.*

La phrase interrogative
AIDE 3

Pour construire une phrase interrogative, on utilise :

- un pronom interrogatif : ***pourquoi***, ***quel***, ***combien***...

Exemple : ***Quand*** *irons-nous nous baigner ?*

- l'expression « ***est-ce que*** ».

Exemple : ***Est-ce que*** *la piscine est loin ?*

- l'**inversion du sujet** et du verbe, en ajoutant un trait d'union entre les deux.

Exemple : ***Aimes-tu*** *te baigner ?*

Attention ! Quand le sujet est un groupe nominal, il est repris par un pronom.

Exemple : *Les enfants aiment-**ils** se baigner ?*

- le **point d'interrogation**.

La phrase impérative
AIDE 4

Pour donner un ordre ou un conseil, on utilise l'**impératif**. Parfois, on peut utiliser l'**infinitif**, dans une recette par exemple.

Exemple : *Allez jouer dehors, s'il vous plait !*
Ajouter du sel à la fin de la cuisson.

La forme négative
AIDE 5

La **forme négative** peut commencer par « non ».

Exemple : ***Non****, je n'aime pas trop les devoirs.*

Pour construire une phrase négative, on utilise une négation qui est en deux parties, une partie avant et une partie après le verbe.

Exemple : *ne ... pas, ne ... rien, ne ... jamais, ne ... plus, ne ... personne...*

La forme exclamative
AIDE 6

La **forme exclamative** peut donner une coloration aux phrases pour exprimer un sentiment comme la joie ou la colère. Elle se termine par un **point d'exclamation**.

Exemple : *Chouette, il y a une rose dans la cour **!***
*Je n'aime pas le chocolat **!***

Identifier le verbe et le sujet
AIDE 7

- Pour trouver le verbe dans une phrase, change le temps de la phrase.

Exemple : *À vélo, je **roule** très vite.* (présent)
*À vélo, je **roulais** très vite.* (passé)

Le mot qui change est le verbe conjugué *roule*.

Attention ! Certaines phrases ont plusieurs verbes.

- Le sujet du verbe est le mot ou le groupe de mots qui peut être encadré par ***c'est ... qui***.

Exemple : ***Ma petite sœur*** *ira au zoo.*
C'est ma petite sœur qui *ira au zoo.*
Le sujet est *ma petite sœur*.

Les compléments d'objet et les compléments circonstanciels

8 AIDE

• Le **complément d'objet** apporte une information au verbe. Il ne peut pas être déplacé, il restera toujours à côté du verbe.
Il répond à la question « quoi » (à quoi, de quoi...)

Exemple : *Le chien mange un os.*
complément d'objet

• Le **complément circonstanciel** apporte une information à la phrase. Il peut être déplacé, au début, au milieu ou à la fin de la phrase.
Il peut apporter une information sur le temps (quand), le lieu (où), la cause (à cause de...)...

Exemple : *Le chien mange chaque matin.*
(cc de temps)

Devant sa niche, le chien mange.
(cc de lieu)

Le chien mange parce qu'il a faim.
(cc de cause)

Le groupe nominal

9 AIDE

• Le groupe nominal (GN) est un groupe de mots qui contient un **nom**.

Exemple :

Le petit chien dévore un vieil os de mouton qui lui plait.
GN 1 GN 2

• Le groupe nominal peut être composé d'un **déterminant**, d'un ou plusieurs **adjectifs**, d'un **complément du nom**. Chaque GN a un nom chef de groupe, on l'appelle le **nom noyau**.

Exemple :

un	*vieil*	*os*	*de mouton*
déterminant	adjectif	nom noyau	complément du nom

Les déterminants

10 AIDE

Le déterminant est un petit mot qui s'écrit avant le nom commun.

Exemple : ***les*** *maisons,* ***le*** *tapis.*

• Les articles définis : **le**, **la**, **l'**, **les**.
• Les articles indéfinis : **un**, **une**, **des**.
• Les déterminants démonstratifs : **ce**, **cet**, **cette**, **ces**.
• Les déterminants possessifs : **ma**, **mon**, **mes** ; **ta**, **ton**, **tes** ; **sa**, **son**, **ses** ; **notre**, **nos** ; **votre**, **vos** ; **leur**, **leurs**.

Le complément du nom

11 AIDE

Le **complément du nom** fait partie du groupe nominal, il apporte des informations sur le nom chef de groupe qu'il complète. Il est composé d'un **nom** qui est précédé d'une **préposition** (de, en, à ...). Il peut être supprimé.

Exemple : *Le chat de ma voisine.*
nom chef de groupe — complément du nom

Le manteau de Paul
nom chef de groupe — complément du nom

Le gobelet en plastique
nom chef de groupe — complément du nom

Les pronoms personnels sujets

12 AIDE

Le **pronom personnel sujet** est un petit mot qui remplace un nom ou un groupe nominal :
je, **tu**, **il**, **elle**, **on**, **nous**, **vous**, **ils**, **elles**.

Exemple : ***Théo*** *mange une pomme.* → ***Il*** *mange une pomme.*
Ma grand-mère et moi *lisons un livre.* → ***Nous*** *lisons un livre.*

Le présent

13 AIDE

• Le présent peut exprimer une action qui **se déroule en ce moment**.

Exemple : *Je mange une pomme.*

• Le présent peut aussi s'employer pour énoncer des **vérités générales**.

Exemple : *La pomme est un fruit.*

Le futur

14 AIDE

• Le futur exprime une **action qui n'a pas encore eu lieu** mais qui aura lieu plus tard.

Exemple : *Nous partirons rejoindre nos amis demain matin.*

• Le futur se construit avec l'infinitif du verbe auquel on ajoute les terminaisons du futur : ***-ai***, ***-as***, ***-a***, ***-ons***, ***-ez***, ***-ont***.

Exemple : *Nous partir/ons*
infinitif — terminaison

L'imparfait

15 AIDE

Les terminaisons de l'imparfait sont toujours les mêmes, pour tous les verbes : ***-ais***, ***-ais***, ***-ait***, ***-ions***, ***-iez***, ***-aient***.

Aide-mémoire

Le passé composé avec l'auxiliaire *être*

16 AIDE

C'est un temps composé de deux parties : le verbe **_être_ conjugué au présent** et le **participe passé** du verbe.

Attention ! Avec *être*, le participe passé s'accorde avec le sujet.

Exemple : *Elles sont venues à Paris.*

sont : *être* conjugué au présent — *venues* : participe passé de *venir*

Le passé composé avec l'auxiliaire *avoir*

17 AIDE

C'est un temps composé de deux parties : le verbe **_avoir_ conjugué au présent** et le **participe passé** du verbe.

Exemple : *J'ai mangé du requin.*

ai : *avoir* conjugué au présent — *mangé* : participe passé de *manger*

Conjuguer les verbes en *-cer*, *-ger* et *-guer*

18 AIDE

Les verbes qui se terminent :

- par ***-cer*** s'écrivent avec un *ç* à la place du *c* devant un *a* ou un *o* : *nous commen**ç**ons, je commen**ç**ais.*
- par ***-ger*** s'écrivent avec un *e* après le *g* devant un *a* ou un *o* : *nous mang**e**ons, je mang**e**ais.*
- par ***-guer*** s'écrivent avec le *u*, même s'il n'est pas utile : *il fati**gu**ait sa sœur.*

Accorder le verbe avec son sujet

19 AIDE

Le verbe s'accorde avec son sujet.

- Si le sujet est au singulier, le verbe s'écrit au singulier.
- Si le sujet est au pluriel, le verbe s'écrit au pluriel, il se termine par *-ent*.

Exemple : *L'enfant jou**e** dehors.*
*Les enfants jou**ent** dehors.*

Attention ! Au passé composé, le participe passé s'accorde quand il est conjugué avec *être*.

Accorder un adjectif

20 AIDE

Pour apporter des précisions sur le nom, on utilise un **adjectif**.

Exemple : *un petit lac charmant*

un : déterminant — *petit* : adjectif — *lac* : nom — *charmant* : adjectif

Certains adjectifs se placent avant le nom, d'autres après, à l'écrit comme à l'oral. Les adjectifs s'accordent avec le nom auquel ils se rapportent.

Différencier *s'est* / *c'est*

21 AIDE

- On écrit ***c'est*** quand il peut être remplacé par *cela est* ou *ceci est*.

Exemple : ***C'est*** *(ceci) est mon plat préféré !*

- On écrit ***s'est*** quand il s'agit d'un verbe pronominal conjugué au passé composé.

Exemple : *Il **s'est régalé** !* Le verbe est *se régaler*.

Quelques homophones : *se* / *ce*, *mais* / *mes*, *ou* / *où*

22 AIDE

- ***Ce*** est un déterminant, on l'écrit devant un nom : *ce chien*.

Se est le pronom d'un verbe pronominal : *se lever*.

- ***Mes*** est un déterminant. Il peut être remplacé par *tes* ou *ses*.

Exemple : ***Mes*** *(= tes) histoires sont très drôles.*

Mais est un mot de liaison. Il peut être remplacé par *or* ou *et*.

Exemple : ***Mais*** *(= or) elles ne font rire que mes copains.*

- ***Ou*** est un mot de liaison. Il peut être remplacé par *ou bien*.

Exemple : *Je veux me promener **ou** (= ou bien) me baigner.*

Où est un adverbe. Il s'emploie dans le contexte d'un lieu, d'un endroit.

Exemple : *Je voudrais bien aller me promener **où** tu étais hier.*

Écrire *é* ou *er* ?

23 AIDE

Pour t'aider à choisir, utilise le verbe *vendre*.

- On écrit ***er*** quand le verbe est à l'infinitif.

Exemple : *Il faut mang**er** des légumes.*

*Il faut **vendre** des légumes.* Le verbe est à l'infinitif.

- On écrit ***é*** quand le verbe est un participe passé.

Exemple : *Il a aim**é** les haricots verts.*

*Il a **vendu** les haricots verts.* Le verbe est un participe passé.

Les pluriels particuliers

24 AIDE

Tous les mots au pluriel ne s'écrivent pas avec un ***s***.

• Les mots qui se terminent par ***-al*** au singulier s'écrivent ***-aux*** au pluriel.

Exemple : *un bocal - des boc**aux*** (sauf quelques exceptions, comme *carnava**ls**, chaca**ls**, festiva**ls**, ba**ls**...*).

• Les mots qui ont leur singulier en ***-au*** ou ***-eau*** s'écrivent avec un ***x*** au pluriel.

Exemple : *un bateau - des batea**x*** (sauf quelques exceptions, comme *landau**s**...*).

• Les mots qui se terminent par ***-eu*** au singulier s'écrivent avec un ***x*** au pluriel.

Exemple : *un lieu - des lieu**x*** (sauf quelques exceptions, comme *pneu**s** et bleu**s***).

• Les mots qui se terminent par ***-ou*** au singulier s'écrivent avec un ***s*** au pluriel.

Exemple : *un trou - des trou**s***.

Attention ! *Bijou, caillou, chou, genou, hibou, joujou, pou* s'écrivent avec un ***x*** au pluriel.

Identifier le radical, le préfixe et le suffixe d'un mot

25 AIDE

Le préfixe, ou le suffixe, est un groupe de lettres que l'on ajoute au radical du mot. Il permet d'en changer le sens ou la nature.

• Un **préfixe** se place **devant** le radical (ici *centre*) :

Exemple : ***con**centrer* - ***dé**centrer* - ***re**centrer*.

• Un **suffixe** se place **derrière** le radical (ici *centre*) :

Exemple : *centr**al*** - *centr**age*** - *centr**aliser***.

Les familles de mots, le champ lexical et les synonymes d'un mot

26 AIDE

• On appelle **famille de mots** les mots qui sont construits autour du même radical.

Exemple : *poli, politesse, malpoli.*

• On appelle **champ lexical** tous les mots qui se rapportent à un même thème.

Exemple : *champ, blé, foin, tracteur.*

• On dit que deux mots sont **synonymes** quand ils ont un sens proche.

Exemple : *petit, minuscule.*

MATHÉMATIQUES

Les grands nombres

27 AIDE

Classe des millions			Classe des mille			Classe des unités		
c	d	u	c	d	u	c	d	u
3	5	2	6	2	4	8	3	1

On écrit : 352 624 831.

On lit : *trois-cent-cinquante-deux-millions-six-cent-vingt-quatre-mille-huit-cent-trente-et-un.*

Arrondir un nombre

28 AIDE

Pour arrondir au millier le plus proche :

2 379 254 = 2 379 **2**54 milliers $2 < 5$

→ 2 379 milliers ou 2 379 000

2 379 854 = 2 379 **8**54 milliers $8 > 5$

→ 2 380 milliers ou 2 380 000

Les nombres décimaux

29 AIDE

partie entière							partie décimale		
mille			unités				dixième	centième	millième
c	d	u	c	d	u				
			1	4	5	,	6	2	3

= cent-quarante-cinq virgule six-cent-vingt-trois

= 145 unités et 623 millièmes

Comparer les nombres décimaux

30 AIDE

25,246 et **25,293**

• On compare d'abord la **partie entière** :
même partie entière (25).

• On compare ensuite la **partie décimale** :
même chiffre des dixièmes (2), mais 9 centièmes est plus grand que 4 centièmes, donc :

$25,246 < 25,293$.

Aide-mémoire

Les fractions (AIDE 31)

Un demi = $\frac{1}{2}$ = 0,5

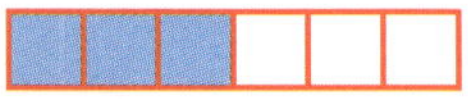

Un tiers = $\frac{1}{3}$ = 0,333...

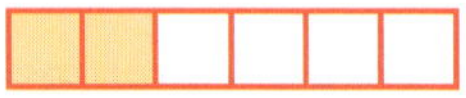

Un quart = $\frac{1}{4}$ = 0,25

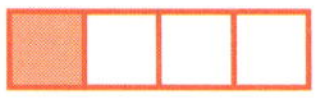

Trois quarts = $\frac{3}{4}$ = 0,75

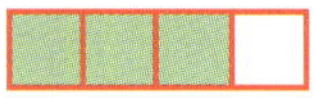

Additionner et soustraire des décimaux (AIDE 32)

- On met virgule sous virgule.
- On met chiffre des unités sous chiffre des unités :

35,27 (retenues : 1 1)	45,67
+ 18,36	− 13,38 (retenue : 1)
53,63	32,29

- On remplace les unités décimales manquantes par un zéro :

35,00 (retenues : 1 1)
− 12,28 (retenues : 1 1)
22,72

La multiplication posée (AIDE 33)

	2	6	7		
×	1	7	2		
	¹5	3	4		267 × 2
¹1	¹8	6	9	**0**	267 × 70 donc il faut un 0
2	6	7	**0**	**0**	267 × 100 donc il faut deux 0
4	5	9	2	4	Pour calculer le total, il faut additionner les trois résultats.

Multiplier par 10, 100, 1 000... (AIDE 34)

- On ajoute un, deux ou trois 0 à droite du **nombre entier** : 5 × 10 = 5**0**   5 × 100 = 5**00**   5 × 1000 = 5 **000**
- On déplace la virgule du **nombre décimal** d'un, deux ou trois chiffres vers la droite : 2,52 × 10 = 25,2. Si nécessaire, on ajoute un zéro à droite.

Diviser des entiers (AIDE 35)

Dividende → 376	5 ← Diviseur
− 35	**75** ← Quotient
26	
− 25	
Reste → 1	

Les mesures de masse (AIDE 36)

kg	hg	dag	g	dg	cg	mg
1	2	5	4			

- 1 kg 254 g ou 12 hg 54 g ou 125 dag 4 g ou 1254 g

Les mesures de durée (AIDE 37)

× 60 (heures → minutes)   × 60 (minutes → secondes)

heures	minutes	secondes
h	min	s

: 60 (minutes → heures)   : 60 (secondes → minutes)

- 5 h = 5 × 60 = 300 min
- 360 s = 360 : 60 = 6 min

Les mesures de contenance (AIDE 38)

L	dL	cL	mL
8	2	0	6

- 8 L 206 mL, 82 dL 6 mL, 820 cL 6 mL ou 8 206 mL

Reconnaitre et tracer un angle droit (AIDE 39)

- L'**équerre** permet de reconnaitre ou tracer un angle droit.
- Reconnaitre :

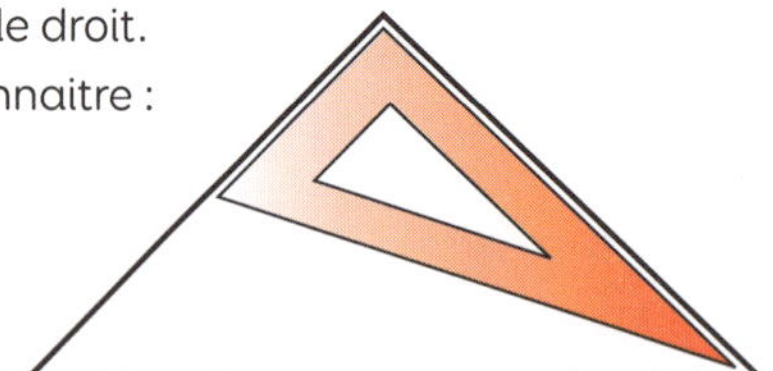

L'angle se superpose à celui de l'équerre. C'est donc un angle droit.

- Tracer :

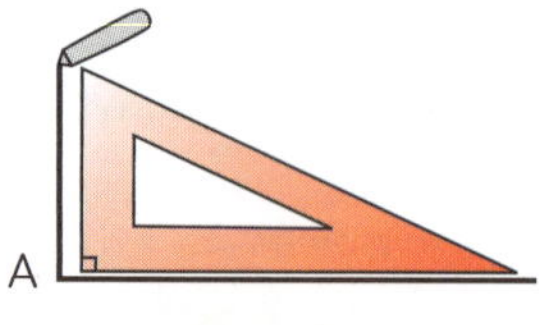

Les mesures d'aire sur quadrillage

40 AIDE

- L'aire d'une figure est la mesure de sa surface.
- Pour calculer l'aire, on compte le nombre d'unités d'aire qui la composent.

Ici, l'unité d'aire est le carreau : l'aire de la figure est 8 carreaux.

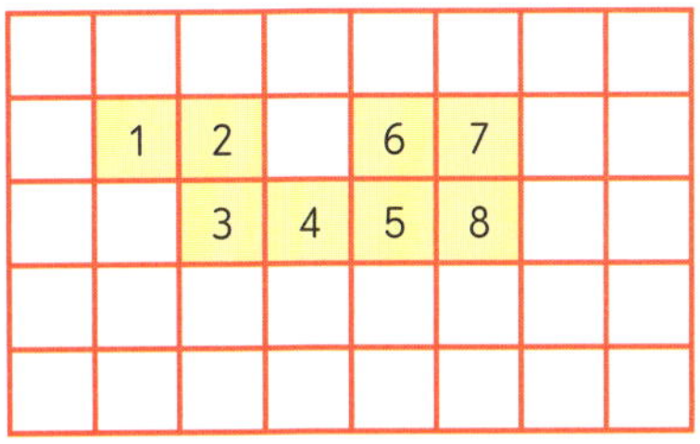

Les polygones

41 AIDE

- Le **parallélogramme** a les côtés opposés parallèles et égaux 2 à 2.

- Le **rectangle** a 4 angles droits et les côtés égaux 2 à 2.

- Le **carré** a 4 angles droits et 4 côtés égaux.

- Le **losange** a 4 côtés égaux.

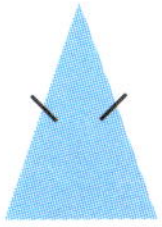

- Le **triangle isocèle** a 2 côtés de même longueur.

- Le **triangle équilatéral** a 3 côtés égaux.

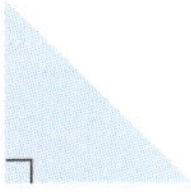

- Le **triangle rectangle** a 3 côtés et un angle droit.

L'axe de symétrie

42 AIDE

- L'axe de symétrie partage la figure en deux parties qui peuvent se superposer.

- Une figure peut avoir plusieurs axes de symétrie.

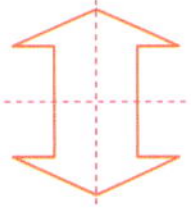

Les solides

43 AIDE

Chaque solide a des faces, des sommets et des arêtes.

- Le cube a 6 faces carrées.
- Le pavé droit a 6 faces rectangulaires.
- La pyramide a une face carrée et 4 faces triangulaires.

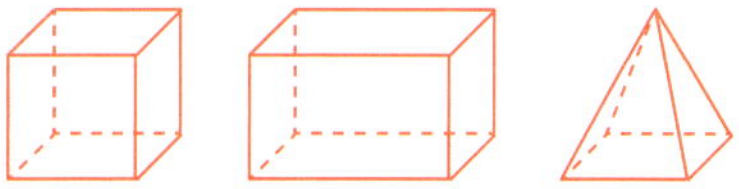

La proportionnalité

44 AIDE

- Une situation de proportionnalité peut être représentée par un tableau.
- On passe d'une ligne à l'autre ou d'une colonne à l'autre en multipliant ou en divisant par le même nombre.

× 2 (de la première ligne à la deuxième ligne)

2	3
4	6

× 2 (de la première colonne à la deuxième colonne)

6	12
4	8

Résoudre un problème de proportionnalité

5 kg de cerises coutent 30 €. Combien coutent 2 kg ?

1. On calcule le prix de 1 kg, donc 30 : 5 = 6 €.

2. On calcule le prix de 2 kg : 6 × 2 = 12 €.

Soit (30 : 5) × 2 = 12 €.

Lire un tableau et un graphique

45 AIDE

Le diagramme à bandes permet de mieux visualiser les données d'un tableau.

Planètes	Distance en km entre le Soleil et les planètes
Mercure	Cinquante-huit-millions
Terre	Cent-cinquante-millions
Mars	Deux-cent-vingt-huit-millions

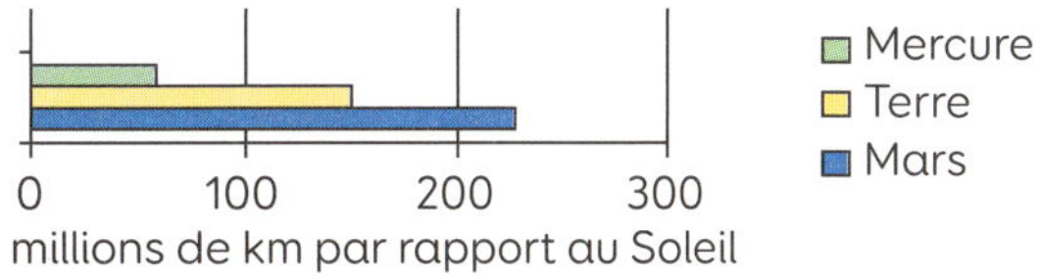

Les pays du

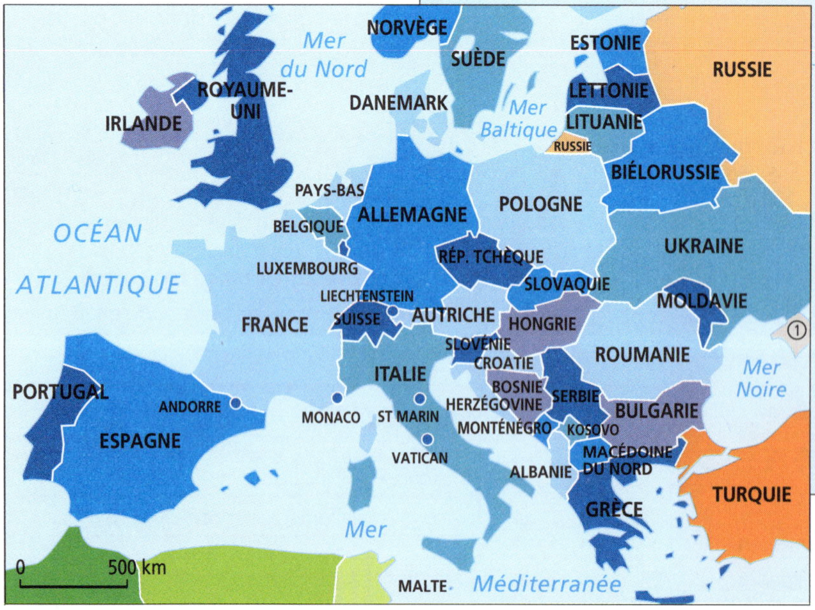

1. Crimée : région ukrainienne ayant proclamé son rattachement à
Ce rattachement, validé par la Russie, n'est pas reconnu par les au

Crédits photographiques

6 FOTOLIA/ Trialartinf; 10 d FOTOLIA/ Martial MARBOUTY; 10 g FOTOLIA/Stefan RITCHER; 14-15 FOTOLIA/ Nathalie P; 14 h COSMOS/ GEORGESTEINMETZ; 14 b FOTOLIA/ robynmac; 15 h FOTOLIA/ d_e_r_i_c; 15 b SHUTTERSTOCK/ Michael Grab; 18 EYEDEA/ BOISVIEUX CHRISTOPHE/ HOA-QUI; 22 RMN/ AGENCE BULLOZ; 26 b-27 COSMOS/ DIETER TELEMANS; 26 ht FOTOLIA/OLIVIER-MARC STEFFEN; 26 ht -27 FOTOLIA/ZEBULON 74; 26 m CORBIS/HEIDE BENSER/ ZEFA; 34 FOTOLIA/ ABC photos; 36 g SHUTTERSTOCK/ Peter Fuchs; 36 g m SHUTTERSTOCK/ loca4motion; 36 d m SHUTTERSTOCK/ Aleksey Stemmer; 36 d SHUTTERSTOCK/ Studio 10ne; 40 bas d EYEDEA/PATRICK FORGET; 40 ht -41 EYEDEA/ JOURDAN F./HOA-QUI; 41 m g EYEDEA/CHRISTIAN VAISSE; 41 bas CORBIS/NIALL BENVIE; 43 bas EYEDEA/ KARL AMMANN/NPL/JACANA; 43 ht JUPITER IMAGES/ Photos. com; 44 d OREDIA/ CHEVALIER VIRGINE/; 44 g COSMOS/ RUSSEL GORDON; 44 b g © UNICEF; 45 SHUTTERSTOCK/ Salamanderman; 47 d BIS/ Ph. H. Josse © Archives Larbor; 47 g BIS/ Ph. Hubert Josse © Archives Larbor;48 d SHUTTERSTOCK/ FreeProd33; 48 g b SHUTTERSTOCK/

monde

érendum au printemps 2014.
nes et la communauté internationale.

2. Territoire revendiqué par le Maroc, contrôlé par les autonomistes sahraouis.

Roy Pedersen; 51 BIS/ Ph. Frédéric Hanoteau © Archives Nathan; 54-55 SHUTTERSTOCK/ Shay Yocobinski; 54 b SHUTTERSTOCK/ pavaiena; 55 h SHUTTERSTOCK/ Federico Quevedo; 55 m SHUTTERSTOCK/ Paolo Bona; 55 b SHUTTERSTOCK/ Eric Isselee.

Coordination éditoriale : Isabelle Lecharny
Édition : Béatrix Lot
Création maquette intérieure : Maryse Guittet
Couverture : Allright
Carnet de jeux nature : Stéphanie Chica
Illustration de couverture : François Foyard
Mise en pages : Facompo, Rouen

Mise en page Carnet de jeux nature : Céline Julien
Illustrations : Clotka, Vincent Bergier, Prisca Le Tandé (carnet de jeux nature)
Cartographie (p. 62-63) : AFDEC
Imprimé en Italie en Mars 2022 par Rotolito. S.p.A.

L'ÉNIGME DES VACANCES
JE LIS · JE JOUE · JE RÉVISE
Du CP à la 4e
ESCAPE GAME
BD
POLICIER
historique
AVENTURE
fantastique
Féerie
FRISSON
Jeu
Anglais
LA PIERRE DES ORBELINS
NOUVEAU
N°1 DES ÉNIGMES POUR RÉVISER*
CONFORME AUX PROGRAMMES
Nathan
*GFK CDV S48 primaire/collège 2021